Für meine beiden Kinder,
die sich zurzeit im schönsten Abschnitt ihres Lebens befinden:

Sie studieren.

Ralf Sikorski

Ich war Hals über Kopf erleichtert

Lach- und Prüfungsgeschichten zum Steuerrecht

mit Zeichnungen von Philipp Heinisch

nwb

ISBN 978-3-482-**64101**-5

www.nwb.de

Druck: medienHaus Plump GmbH, Rheinbreitbach – ptkl

Vorwort

„Schule ist wie Medizin, sie muss bitter schmecken, sonst nützt sie nichts", hat Professor „Schnauz" in der „Feuerzangenbowle" kundgetan. Diesen Satz kann man heute mehr denn je auf sämtliche Studiengänge und Ausbildungsberufe übertragen, die sich mit dem Steuerrecht beschäftigen. Das Steuerrecht kommt nicht zur Ruhe, ist kurzlebig und unübersichtlich. Es dient in erster Linie politischen, nicht fiskalischen Zielen. Das Bundesverfassungsgericht muss häufiger denn je Verfehlungen des Gesetzgebers in diesem Teilbereich unseres Rechtssystems richten, eine nicht zu beherrschende Flut von Verwaltungsanweisungen ist die Folge. Und doch strömen unzählige junge Menschen in diese Berufsrichtung. Vielleicht weil sie glauben, das Steuerrecht sei ein Geschenk des Gesetzgebers an die Wissenschaft?

Auch auf die Gefahr hin, dass nach dem Lesen dieser Zeilen manch geneigter Leser versucht sein wird, mir die Adresse (s)eines Psychologen zukommen zu lassen, bekenne ich, dass ich gerne Finanzbeamter bin, gerne Vorträge zu steuerlichen Themen halte und entsprechende Bücher schreibe. Aber die Freude, die mir die Arbeit an meinen beiden Stilblütenbänden „Meine Frau ist eine außergewöhnliche Belastung" und „Wo bitte kann ich meinen Mann absetzen?" bereitet hat, ist unübertroffen. Nach wie vor erreichen mich immer wieder neue Beiträge von Lesern, Kollegen, Steuerberatern sowie Studenten und Lehrgangsteilnehmern. Ich möchte aber nicht dem allgemeinen Zeitgeist und insbesondere nicht der Freude gerade privater Medienanstalten an ständigen Wiederholungen und Nachahmungen folgen und einen weiteren Band dieser Reihe herausgeben, der ja doch nur eine Kopie der ersten beiden Bände sein könnte.

Mit diesem Buch will ich mich einer völlig anderen Interessengruppe zuwenden, nämlich der schon zuvor erwähnten. Jährlich quälen sich Tausende von Studenten und angehende Steuerfachangestellte, Steuerfachwirte, Bilanzbuchhalter und Steuerberater durch Prüfungsklausuren und Prüfungsfragen zum Steuerrecht, durch die Technik des Subsumierens und das Halten von Vorträgen für eine bedeutende Momentaufnahme zur Erlangung eines Titels. Der rege Zuspruch zu meinen beiden Stilblütensammlungen gerade aus dieser Leserschaft zeigt mir, dass auch der Leiden dieser Zielgruppe gedacht sein sollte. Ich habe daher fleißig gesammelt, Freunde, Kollegen und ehemalige Studenten haben mich dabei fleißig unterstützt. Wie das so ist mit diesen Geschichten – man hat eine Anekdote schon einmal gehört, sie belebt Stammtische oder geistert durch E-Mail-Postfächer, aber wo sie wirklich herkommt, weiß kein Mensch mehr. Das ist schade, und so habe ich versucht, daraus eine kleine Sammlung zu machen. Wann immer ich die Urheberschaft ermitteln konnte – was in den meisten Fällen nahezu unmöglich ist – habe ich selbstverständlich auch darauf verwiesen. Den einen oder anderen Spaß habe ich mir aber auch selbst gegönnt.

Die Zeichnungen zu diesem Buch hat erneut Philipp Heinisch geliefert, der es in gewohnter Manier geschafft hat, mit feinem Strich meine Ideen auf seine Figuren zu übertragen.

Viel Vergnügen bei der Lektüre dieses Werkes
– sinnvollerweise nach bestandener und nicht kurz vor einer abzulegenden Prüfung –

wünscht Ihnen

Ralf Sikorski

P.S.: Wir waren bemüht, alle Rechteinhaber ausfindig zu machen. Leider ist es uns nicht immer gelungen, einen Verfasser zu finden. Sollten berechtigte Ansprüche bestehen, bitten wir Sie, sich bei uns zu melden.

Autor und Verlag

Aus einem Online-Fragebogen einer Universität:

„Persönliche Angaben zum Antrag sind freiwillig.

Allerdings kann der Antrag ohne die persönlichen Angaben nicht weiter bearbeitet werden."

Der freie Wille

„Nicht für das Leben, sondern für die Schule lernen wir", behauptete *Seneca*.[1] Er schien offenbar schon damals zu ahnen, dass unser modernes Steuersystem manche Vorschriften beinhalten wird, die vom Gesetzgeber ausschließlich für Prüfungsklausuren geschaffen wurden. Die Zeilen, die er seinerzeit einem Freund schrieb, wurden im Laufe der Jahrhunderte ins Gegenteil verkehrt, weil sich natürlich Lehrkörper mit der gegenteiligen Aussage besser arrangieren können: Nicht für die Schule, für das Leben lernen wir.

Also lautet der Beschluss,
dass der Mensch was lernen muss.
Nicht allein das ABC
bringt den Menschen in die Höh'.
Nicht allein im Schreiben, Lesen
übt sich ein vernünftig Wesen.
Nicht allein in Rechnungssachen
soll der Mensch sich Mühe machen.
Sondern auch der Weisheit Lehren
muss man mit Vergnügen hören.

Heinrich Christian Wilhelm Busch, 1832 - 1908,
deutscher humoristischer Dichter und Zeichner

[1] Lucius Annaeus Seneca, 1 - 65, römischer Philosoph und Staatsmann

Finde das C

OOOOOOOOOOOOOOOOOOOOOOOOOOOOOOOOOOOOOOOOOOOOOOOOOOO
OOOOOOOOOOOOOOOOOOOOOOOOOOOOOOOOOOOOOOOOOOOOOOOOOOO
OOOOOOOOOOOOOOOOOOOOOOOOOOOOOOOOOOOOOOOOOOOOOOOOOOO
OOOOOOOOOOOOOOOOOOOOOOOOOOOOOOOOOOOOOOOOOOOOOOOOOOO
OOOOOOOOOOOOOOOOOOOOOOOOOOOOOOOOOOOOOOOOOOOOOOOOOOO
OOOOOOOOOOOOOOOOOOOOOOOOOOOOOOOOOOOOOOOOOOOOOOOOOOO
OOOOOOOOOOOOOOOOOOOOOOOOOOOOOOOOOOOOOOCOOOOOOOOOOOO
OOOOOOOOOOOOOOOOOOOOOOOOOOOOOOOOOOOOOOOOOOOOOOOOOOO
OOOOOOOOOOOOOOOOOOOOOOOOOOOOOOOOOOOOOOOOOOOOOOOOOOO
OOOOOOOOOOOOOOOOOOOOOOOOOOOOOOOOOOOOOOOOOOOOOOOOOOO
OOOOOOOOOOOOOOOOOOOOOOOOOOOOOOOOOOOOOOOOOOOOOOOOOOO
OOOOOOOOOOOOOOOOOOOOOOOOOOOOOOOOOOOOOOOOOOOOOOOOOOO

Finde die 6

9999999999999999999999999999999999999999999999999999999999999999999
9999999999999999999999999999999999999999999999999999999999999999999
9999999999999999999999999999999999999999999999999999999999999999999
9999999999999999999999999999999999999999999999999999999999999999999
9999969999999999999999999999999999999999999999999999999999999999999
9999999999999999999999999999999999999999999999999999999999999999999
9999999999999999999999999999999999999999999999999999999999999999999
9999999999999999999999999999999999999999999999999999999999999999999
9999999999999999999999999999999999999999999999999999999999999999999
9999999999999999999999999999999999999999999999999999999999999999999
9999999999999999999999999999999999999999999999999999999999999999999
9999999999999999999999999999999999999999999999999999999999999999999

und nun die schwierigste Herausforderung: finde das N

MMMMMMMMMMMMMMMMMMMMMMMMMMMMMMMMMMMMMMMMMMMMMMMMMMMM
MMMMMMMMMMMMMMMMMMMMMMMMMMMMMMMMMMMMMMMMMMMMMMMMMMMM
MMMMMMMMMMMMMMMMMMMMMMMMMMMMMMMMMMMMMMMMMMMMMMMMMMMM
MMMMMMMMMMMMMMMMMMMMMMMMMMMMMMMMMMMMMMMMMMMMMMMMMMMM
MMMMMMMMMMMMMMMMMMMMMMMMMMMMMMMMMMMMMMMMMMMMMMMMMMMM
MMMMMMMMMMMMMMMMMMMMMMMMMMMMMMMMMMMMMMMMMMMMMMMMMMMM
MMMMMMMMMMMMMMMMMMMMMMMMMMMMMMMMMMMMMMMMMMMMMMMMMMMM
MMMMMMMMMMMMMMMMMMMMMMMMMMMMMMMMMMMMMMMMMMMMMMMMMMMM
MMMMMMMMMMMMMMMMMMMMMMMMMMMMMMMMMMMMMMMMMMMMMMMMMMMM
MMMMMMMMMMMMMMMMMMMMMMMMMMMMMMMMMMMMMMMMMMMMMMMMMMMM
MMMMMMMMMMMMMMMMMMMMMMMMMMMMMMMMMMMMMMMMMMMMMMMMMMMM
MMMMMMMMMMMMMMMMMMMMMMMMMMMMMMMMMMMMMMMMMMMMMMMMMMMM
MMMMMMMMMMMMMMMMMMMMMMMMMMMMMMMMMMMMMMMMMMMMMMMMMMMM
MMMMMMMMMMMMMMMMMMMMMMMMMMMMMMMMMMMMMMMMMMMMNMMMMMMM
MMMMMMMMMMMMMMMMMMMMMMMMMMMMMMMMMMMMMMMMMMMMMMMMMMMM
MMMMMMMMMMMMMMMMMMMMMMMMMMMMMMMMMMMMMMMMMMMMMMMMMMMM
MMMMMMMMMMMMMMMMMMMMMMMMMMMMMMMMMMMMMMMMMMMMMMMMMMMM
MMMMMMMMMMMMMMMMMMMMMMMMMMMMMMMMMMMMMMMMMMMMMMMMMMMM

(Die Lösung finden Sie auf S. 133.)

(unbekannt)

Der Quarz-Timer mit Digitalanzeige gibt ein zaghaftes Geräusch von sich.

Zur Uni gehetzt, Hörsaal erreicht. Pech gehabt: erste Reihe schon besetzt. Beschlossen, morgen

Nächste Vorlesung. Trotz neongrünen Pullis und eifrigem Fingerschnippens nicht drangekommen.

bereitung verabredet. Dreiviertelstunde im Copy-Shop

Liebe Studenten,

ich kann Ihnen ein ordentliches, möbliertes und frisch gestrichenes Zimmer von 40 qm offerieren. Frühstück im Preis enthalten, Universität im Hause.

Hausmeister der Universität Münster

Es ist wirklich traurig.
Heutzutage will alles auf die Universität und jeder fühlt sich berufen, Akademiker zu werden.
Zu meiner Zeit war das alles anders!!
Da studierte nicht jeder Schafskopf.
In meiner Heimatstadt war ich der einzige.
Hochachtungsvoll
Dr. P. Nibel
HEINISCH
Dr. Schafskopf

1. Semester – Montag, 14. Oktober

05:30
Der Quarz-Timer mit Digitalanzeige gibt ein zaghaftes Geräusch von sich. Bevor sich dieses „Piep" zu einem energischen Gezwitscher entwickelt, sofort ausgemacht, aus dem Bett gehüpft. Fünf Kilometer Jogging um den Aasee, mit einem Besoffenen zusammengestoßen, anschließend kalt geduscht.

06:30
Beim Frühstück Wirtschaftsteil der Zeitung gelesen. Kritischer Blick in den Spiegel, Outfit genehmigt.

07:00
Zur Uni gehetzt, Hörsaal erreicht. Pech gehabt: erste Reihe schon besetzt. Beschlossen, morgen noch früher aufzustehen.

07:30
Vorlesungsbeginn. Keine Disziplin im Hörsaal. Einige Kommilitonen lesen Sportteil der Zeitung oder frühstücken. Alles mitgeschrieben. Füller leer, aber über die Witzchen des Dozenten mitgelacht. Nachbar verlässt mit Bemerkung „sinnlose Veranstaltung" den Raum. Habe mich beim Dozenten für ihn entschuldigt.

08:30
Nächste Vorlesung. Trotz neongrünen Pullis und eifrigem Fingerschnippens nicht drangekommen.

12:00
Essen in der Mensa. Nur unter größten Schwierigkeiten weitergearbeitet, da zu laut.

12:45
Fachschaft aufgesucht. Skript vom Vormittag immer noch nicht fertig. Wollte mich beim Vorgesetzten beschweren, keinen Termin bekommen.

13:00
Fünf Leute aus meiner Vorlesung getroffen, gleich für drei Arbeitsgemeinschaften zur Klausurvorbereitung verabredet.

13:30
Dreiviertelstunde im Copy-Shop verbracht und die Klausuren der letzten 10 Jahre mit Lösungshinweisen kopiert. Anschließend Tutorium: ältere Semester haben wirklich keine Ahnung.

15:30
In der Bibliothek gewesen. Durfte aber statt der dringend benötigten 18 Bücher nur vier mitnehmen.

16:00
Seminar war gut vorbereitet. Hinterher Assistenten über seine Vorlesungsirrtümer aufgeklärt.

18:30
Anhand einschlägiger Quellen die Promotionsbedingungen eingesehen und erste Kontakte geknüpft.

19:45
Abendessen. Verabredung im „Bekehrten Zöllner" abgesagt. Dafür Vorlesungen der letzten Jahre durchgearbeitet.

23:00
Videoaufzeichnung von „WISO" angesehen und im Bett noch das aktuelle Heft des „Kapital" gelesen. Festgestellt, dass 18-Stunden-Tag viel zu kurz. Werde demnächst die Nacht noch hinzunehmen.

13. Semester – Montag, 11. Oktober

10:30
Aufgewacht mit üblichen Kopfschmerzen: KATER

10:45
Erste Aufstehversuche durch Überprüfung der Zimmertemperatur. Zu kalt, also Zeh zurück.

11:00
Aufstehen oder nicht – das ist hier die Frage.

11:30
Verzögerungstaktik angewendet, Radio eingeschaltet.

12:05
Mittagsmagazin beginnt. Originalton Moderator: „Guten Tag, liebe Zuschauer – Guten Morgen, liebe Studenten." Auf die Provokation hereingefallen und aufgestanden.

13:30
In der Mensa am Aasee beim Skat Mittagessen verspielt.

14:30
Ins „Cafe Olé" hineingeschaut, Geld bei Annika gepumpt und eine Kleinigkeit gegessen: Bier schmeckt wieder! Kurze Diskussion mit einigen Anwesenden über die aktuelle Entwicklung des Euro.

15:45
Kurz in der Bibliothek gewesen. War nix los, total von Erstsemestern überfüllt.

16:05
Kurz im Seminar gewesen. War nix los. Keine Flugblätter, keine Demos – keine Zeitungen.

17.00
Stammkneipe immer noch zu. Daher noch mal hingelegt.

18:30
Komme zu spät zum Date mit der blonden Erstsemesterin im „Livetime." Immer dieser Stress.

01:00
Kneipen schließen auch immer früher. Was ist das für ein Sittenverfall. Umzug ins „Viva".

04.33
Tagespensum erfüllt. Das Bett ruft. Wanke langsam heimwärts

05:30
Am Aasee von Erstsemestern über den Haufen gerannt worden. Haben mich übel beschimpft.

06:00
Bude mühevoll erreicht. Insgesamt 27,50 € ausgegeben. Mehr hatte die Kleine nicht dabei.

06:05
Schalte kurz das Radio ein. Morgenmagazin. Stimme des Sprechers: „Guten Morgen, meine Damen und Herren, gute Nacht, liebe Studenten."

(unbekannt)

Der deutsche Rundfunk-Journalist Klaus Jürgen Haller (geb. 1940) ist vielen Hörern auch heute noch bekannt für seine unkonventionelle Anmoderation des Mittagsmagazins auf WDR 2: „Guten Tag, meine Damen und Herren, guten Morgen, liebe Studenten!"

Liebe Mama, lieber Papa,

ich hoffe, Ihr sitzt bequem. Wenn Ihr noch nicht sitzen solltet, tut dies jetzt, glaubt mir, es ist besser so.

Leider habe ich lange nichts mehr von mir hören lassen, und es tut mir auch schrecklich leid. Es ist aber so viel passiert in der letzten Zeit, dass ich wirklich keine Zeit hatte, Euch zu schreiben. Nun aber, in der Ruhe und Abgeschiedenheit des Krankenhauses und nachdem die Behandlung auf der Intensivstation abgeschlossen ist, ist das etwas anderes. Unglücklicherweise tut mir die Hand noch ein wenig weh, aber das ist bei einem Sprung aus dem zweiten Stockwerk ja wohl auch nicht verwunderlich. Eigentlich sind die Schmerzen ja erträglich, jedenfalls lange nicht so stark wie in dem einen Bein, dass ich zum Glück noch habe.

Wahrscheinlich kann ich auch nicht an der Gerichtsverhandlung teilnehmen, in der entschieden werden soll, ob die Versicherung Recht hat und ich für die einhunderttausend Euro haften muss, die durch den Zimmerbrand entstanden sind. Mein Anwalt sagt aber, dass die Versicherung keine Chance hat zu gewinnen, denn wegen des Blutalkoholgehaltes von 3,7 Promille wird der Richter wohl auf nicht zurechnungsfähig entscheiden. Sollte ich nicht teilnehmen können, wird mir mein Freund das aber alles berichten, denn er wird zusammen mit dem Dolmetscher vor Gericht vertreten sein, der ihm alles in seine Landessprache übersetzt. Der Anwalt hofft, dass unser junges Glück als werdende Eltern nicht durch einen Gefängnisaufenthalt meinerseits getrübt werden wird.

Inzwischen habe ich auch eine andere Universität gefunden, in der man nicht gleich bestraft wird, weil man ein wenig Hasch raucht. Leider ist sie für mich mit den öffentlichen Verkehrsmitteln nicht gut zu erreichen, aber in einem Jahr wird sich das wieder geregelt haben, wenn ich meinen Führerschein zurückerhalte. Ihr könnt Euch gar nicht vorstellen, wie viel Ärger man hat, nur weil man ursächlich für eine Massenkollision war. Zum Beispiel zahlt die Versicherung nicht für den Totalschaden an Papas Auto. Der Fahrer des Maserati will aber seine Klage zurückziehen, wenn Ihr ihm den neuen Wagen bezahlt.

Liebe Eltern, nun aber zum eigentlichen Grund meines Briefes. Vorher muss ich aber richtigstellen, dass ich weder im Krankenhaus liege noch eine Verletzung habe und auch nicht schwanger bin. Auch nehme ich keine Drogen oder Alkohol, die Universität habe ich auch nicht wechseln müssen.

Aber durch die Prüfung bin ich gefallen ...

und ich wollte nur, dass Ihr das im richtigen Verhältnis zu den sonstigen Problemen dieser Welt, denen man ausgesetzt sein könnte, seht.

Hab Euch lieb

Leonie

(unbekannt)

„Gestern war Vorlesung?"

„Meine Mutter hat unsere Möbel umgestellt und da habe ich heute die Haustür nicht mehr gefunden."

„Ich verspürte gestern so einen merkwürdigen Drang, zu Hause zu bleiben, welchem ich dann auch sicherheitshalber einmal nachgegeben habe."

„Ich habe mich aus Versehen eingesperrt und den Schlüssel verloren."

„Mein Wecker hat geklingelt, als ich geschlafen habe."

Je weniger Leute davon wissen,
wie Würste und Gesetze gemacht werden,
desto besser schlafen sie.

Otto von Bismarck, 1815 - 1898, erster deutscher Reichskanzler des deutschen Kaiserreichs

Eben:
Wir lernen, Gesetze anzuwenden,
keiner hat etwas von verstehen
gesagt.

1. Wenn Sie Essen mitbringen, dann bitte genug für alle.
2. Singen Sie nicht mit, wenn Sie während der Vorlesung einen MP3-Player benutzen.
3. Die Sitze im Hörsaal sind nur für jeweils eine Person gedacht. Dies gilt auch für Studenten, die gerade ihre Traumfrau getroffen haben.
4. Es ist nicht schlimm für die Dozenten, wenn die Studenten alle fünf Minuten auf die Uhr sehen. Es wird erst schlimm, wenn sie anfangen, sich die Uhr ans Ohr zu halten.
5. Wenn Sie den Hörsaal während der Vorlesung verlassen, dann tun Sie so, als müssten Sie dringend die Toilette aufsuchen oder als sei Ihnen übel. Üben Sie Rücksicht auf das labile Selbstbewusstsein der Vortragenden.

(unbekannt)

Professor bei Seminareröffnung gegenüber Erstsemestern

> *„Ich bin*
> *die Exmatrikulationsbehörde."*

Aushang vor dem Hörsaal:

> *„Ich akzeptiere bei Krankheit keine Bescheinigung des Arztes. Wenn Sie es bis zum Arzt schaffen, dann schaffen Sie es auch in den Hörsaal."*

Aushang vor dem Hörsaal:

> *„Abwesenheit aus persönlichen Gründen gestatte ich nicht.*
> *Jeder Student hat 104 persönliche Tage im Jahr.*
> *Sie heißen Samstag und Sonntag."*

„Kennen Sie die Serie „Taken"? Genau das ist mir gestern passiert. Ich wurde von kleinen grünen Männchen entführt und als sie mich zurück brachten, war ich so müde, dass ich mich erst einmal hingelegt habe."

„Ich habe von einem Fußballspiel geträumt, und als es Zeit war aufzustehen, gab es eine Verlängerung."

„Ich hatte ein Problem mit dem Raum-Zeit-Kontinuum. Zu viel Raum, zu wenig Zeit."

„Heute gab es einen Streik bei dem lokalen Radiosender, auf den ich meinen Radiowecker eingestellt habe."

„Ich lebe in einer WG. Wenn morgens Frauen vor dir ins Bad gehen, hast du keine Chance."

Steuererklärung für Topmanager

☐ Antrag auf sofortige Festnahme des Geldvernichters
☐ Selbstanzeige

Eingangsstempel

Steuerjahr **2008**

Identifikationsnummer

Steuernummer (Liechtenstein)

Allgemeine Angaben

Vor- und Zuname des Topmanagers

Wohnsitze (in Deutschland und Steueroasen)

Anzahl ___ (Ex-) Ehefrauen, Geliebte
Anzahl ___ (anerkannte) Kinder

Religionszugehörigkeit __ DAX __ Dow Jones

Einkünfte im Kalenderjahr 2008

___________ Gehalt ___________ Insidergeschäfte ___________ Schmiergeld

___________ Boni ___________ Aktien (nur VW) ___________ Lotto (Alle Angaben in Millionen)

Verluste im Kalenderjahr 2008

___________ Lehman-Zertifikate _______ Aktien (außer VW) _________ DAX/Dow Jones-Fonds

Sonderausgaben

___________ Unterhaltsleistungen _______ Parteispenden _________ Spenden an die eigene Stiftung

Werbungskosten

___________ Fahrtkosten (Davos, New York, Rio de Janeiro, Liechtenstein)

___________ Mitgliedsbeiträge (Golfclub, FDP, CDU, SPD)

___________ Mehraufwendungen (doppelte oder dreifache Haushaltsführung)

___________ Dienstflugzeug, Alarmanlage, Sicherheitskräfte

___________ Geschenke an den Betriebsrat (insbesondere Flüge nach Lateinamerika)

Außergewöhliche Belastungen

___________ Ärztliche Behandlung (Suizidgefahr) _____________ Erholungsurlaub mit der Geliebten

weitere Anlagen

_____ Anlage Aufsichtsrat (Einnahmen in anderen DAX-Unternehmen)

_____ Anlage Entschuldigung

_____ Anlage Medien (Kosten für Talkshows-Einladungen)

_____ Anlage Bundesregierung (Einnahmen für Beratung)

Unterschrift

____

Fluchtort, Datum, Vor- und Deckname

geld-kompakt.de - Die Steuererklärung für Top- und Flopmanager Bearbeitungsnummer: 007-XY-GELOEST

mit freundlicher Genehmigung der forium GmbH, Berlin

„Sorry, ich musste noch auf die Putzfrau warten,
weil die keinen Schlüssel hat."

„Wir hatten heute Nacht einen Stromausfall im Wohnheim,
deshalb hat mein Smartphone die Weckeinstellungen verloren."

„So etwas ist mir echt noch nie passiert."

„Sorry, mein Bus hat sich verfahren."

Eigentlich studiert man ja,
um später einmal einen guten Job zu finden.
Immer mehr Studierende müssen heute dagegen
erst einmal einen guten Job finden,
um studieren zu können.

(unbekannt – aber gut)

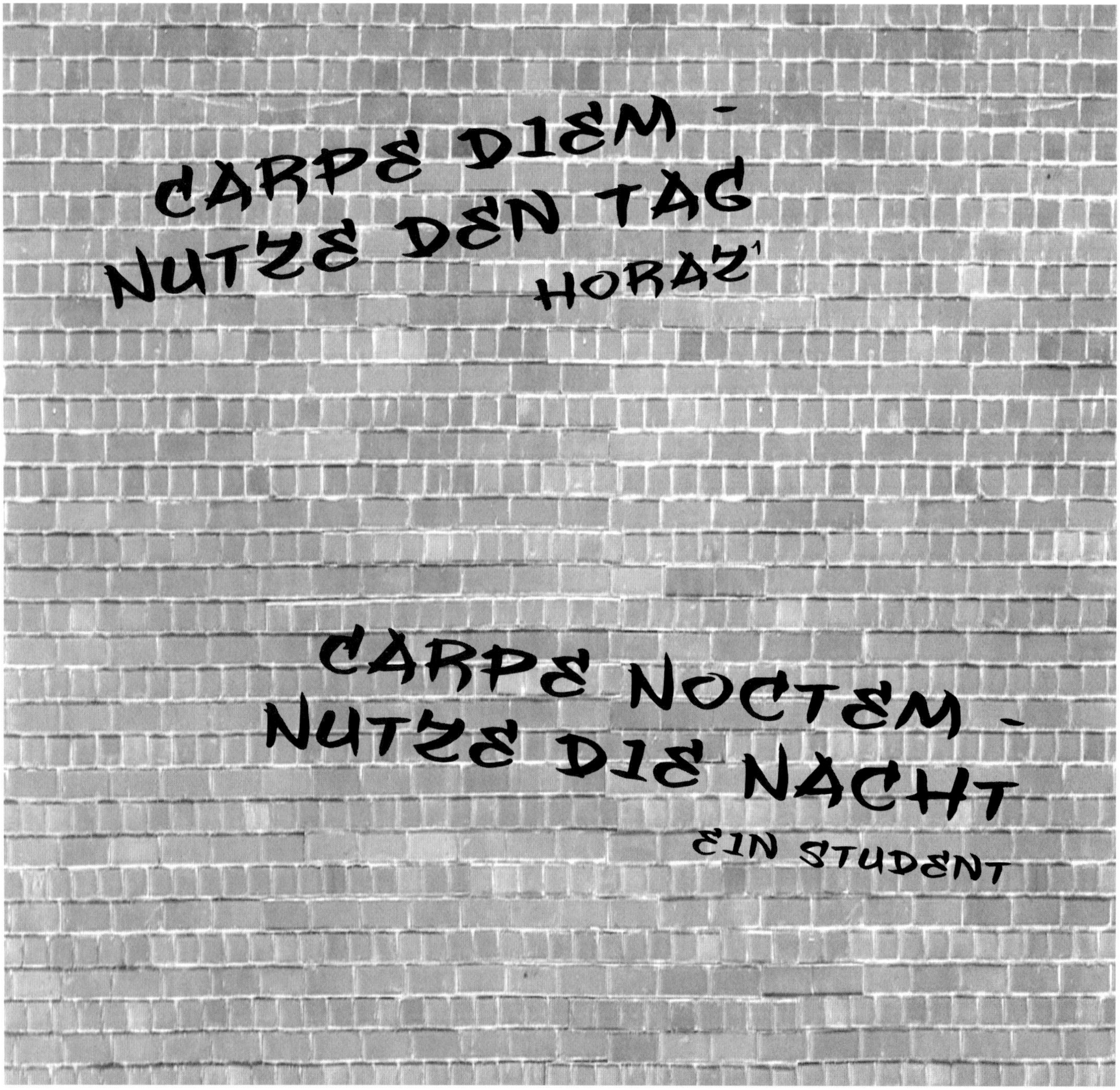

[1] Horaz, eigentlich Quintus Horatius Flaccus, 65 - 8 v. Chr., römischer Dichter

Ein Student fällt bei der Zwischenprüfung im Fach „Finanzwirtschaftliches Management" durch, weil er Fragen zur Organisation und Logik nicht beantworten konnte. Der Student ist erzürnt und wirft dem Professor vor, selbst Fragen zur Logik nicht beantworten zu können. „Lassen Sie mich Ihnen eine Frage zur Logik stellen. Wenn Sie diese richtig beantworten, akzeptiere ich meine Fünf und gehe. Wenn Sie jedoch die Antwort nicht wissen, geben Sie mir eine Eins."

Der Professor, bekannt dafür, eine Spielernatur zu sein, willigt ein.

Darauf hin fragt der Student: „Was ist legal, aber nicht logisch, logisch aber nicht legal und weder logisch noch legal."

Der Professor kann auch nach langem Überlegen keine Antwort geben und gibt dem Studenten die versprochene Eins. Kurz darauf ruft er seinen wissenschaftlichen Mitarbeiter an und stellt ihm die gleiche Frage. Dieser antwortet sofort: „Herr Professor, Sie sind 61 Jahre alt und mit einer 35-jährigen Frau verheiratet. Das ist legal, doch nicht logisch. Ihre Frau hat einen 25-jährigen Liebhaber, das ist logisch, aber nicht legal. Sie geben dem Liebhaber Ihrer Frau eine Eins, obwohl er durchgefallen wäre, das ist weder logisch, noch legal."

(unbekannt)

Vielseitigkeitsprüfung

Der Sohn eines arabischen Scheichs studiert in Erfurt. Nach einem Monat schreibt er nach Hause: „Thüringen ist wunderschön, die Menschen sind freundlich und es gefällt mir hier ausgesprochen gut. Nur ab und zu schäme ich mich, wenn ich mit meinem veredelten Mercedes zu den Vorlesungen fahre und einer meiner Professoren gerade aus der Straßenbahn aussteigt."

Nach ein paar Tagen geht ein Scheck über 2 Millionen Euro aus der Heimat ein sowie ein Begleitbrief seines Vaters: „Mach uns keine Schande, kauf Dir auch eine Straßenbahn".

(unbekannt)

Eine Bilanz ist wie der Bikini einer Frau.
Sie zeigt fast alles, aber verdeckt das Wesentliche.

Günter Stotz, Wirtschaftsministerium Baden-Württemberg

Nachzulesen unter www.bild.de, „Die besten Sprüche der Bosse", Dan Engberg, 13. 12. 2006.

Der Spruch ist aber nicht wirklich neu: so hat schon Lord Mancroft (englischer Politiker, *1957) behauptet, „Statistiken sind wie Bikinis, was sie zeigen, ist verwirrend, was sie verbergen, lebenswichtig." Oder schon früher erklärte Aaron Levenstein (1901 - 1986, Professor für Betriebswirtschaftslehre) seinen Studenten: „Bikinis sind wie Statistiken: sie zeigen Verlockendes, aber verbergen das Wesentliche."

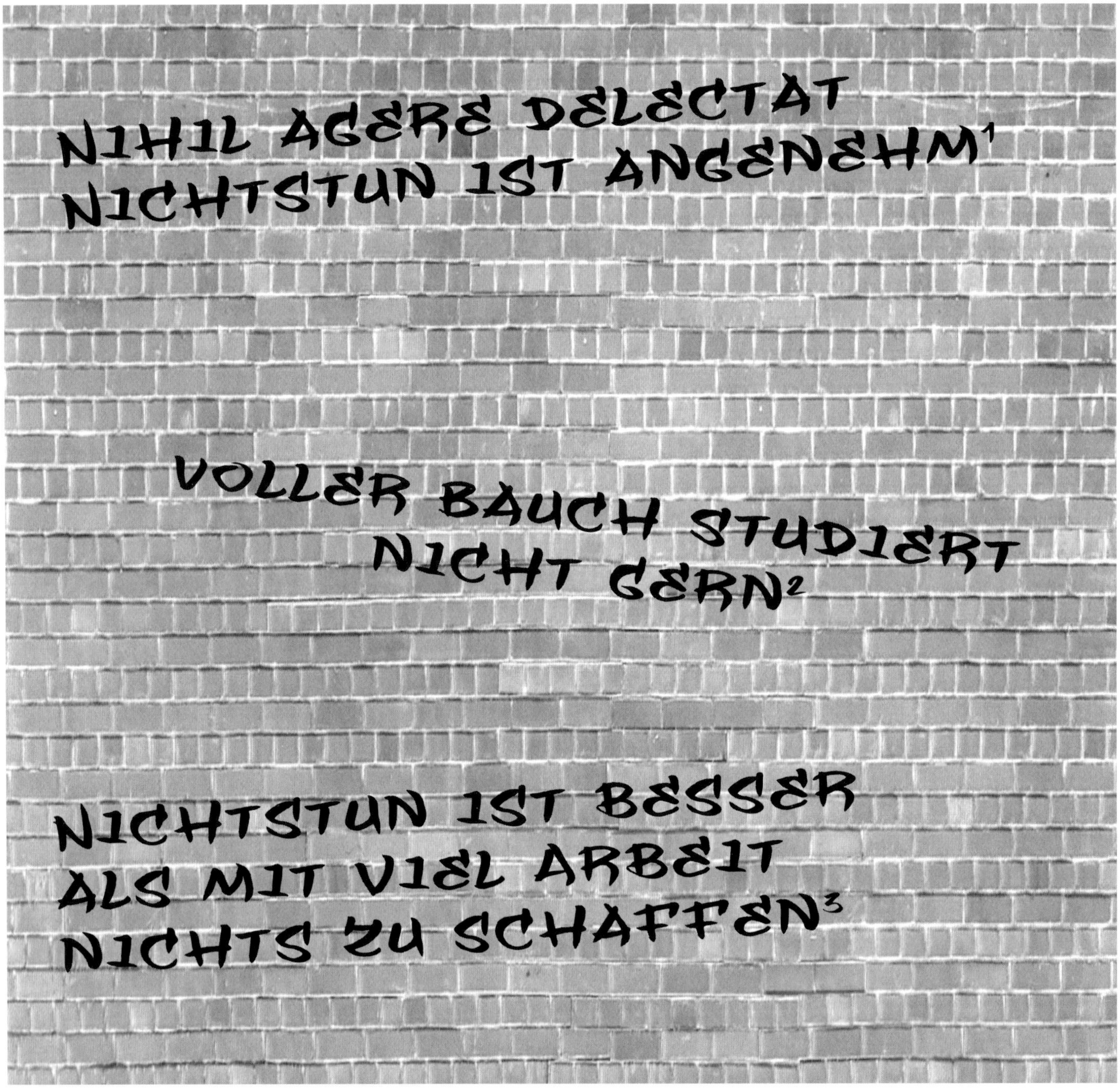

1 Marcus Tullius Cicero, 106 - 43 v. Chr., römischer Politiker und Philosoph
2 Lateinisches Sprichwort
3 Laotse, 6. Jahrhundert v. Chr., chinesischer Philosoph

Fragt der eine Student den anderen: „Wovon lebst Du denn so?“

Darauf antwortet der andere Student: „Ich schreibe.“

„Aha, und was schreibst Du so?“

„Na, nach Hause, dass ich Geld brauche.“

(unbekannt)

Der Himmel ist total überfüllt. Petrus und sein Chef einigen sich darauf, nur noch Fälle aufzunehmen, die eines besonders spektakulären Todes gestorben sind.

Es klopft an der Himmelstür. Petrus sagt: „Nur noch außergewöhnliche Fälle."

„Oh", sagt da der Verstorbene. „Damit kann ich dienen. Ich war Professor an der Uni und hatte meine Frau in Verdacht, dass sie mich betrügt. Also komme ich überraschend früher aus der Vorlesung zurück, renne wie wild die sieben Stockwerke zu unserer Wohnung rauf, reiße die Tür auf, suche wie ein Wahnsinniger die ganze Wohnung ab – und finde auf dem Balkon einen Kerl, der am Geländer hängt. Ich hole also einen Hammer und haue dem Kerl auf die Finger, bis er loslässt und runterfällt. Dabei fällt er doch direkt auf einen Strauch – und überlebt. Als er wieder aufsteht, renne ich in die Küche, greife mir den kompletten Kühlschrank und schmeiß das Ding vom Balkon. Volltreffer. Der Kerl ist erledigt. Und von dem ganzen Stress bekomme ich glatt einen Herzinfarkt."

„Also gut", sagt Petrus, „genehmigt, komm rein."

Kurz darauf klopft es wieder an der Himmelstür.
„Nur außergewöhnliche Fälle", sagt Petrus.

„Damit kann ich dienen", sagt der Verstorbene. „Ich war Student im ersten Semester und machte wie jeden Morgen auf dem Balkon meinen Frühsport. Dabei stolpere ich doch über eine Balkonliege, falle über das Geländer und kann mich wirklich in letzter Sekunde ein Stockwerk tiefer am Geländer festhalten. ‚Was für ein Glück' denke ich, ‚ich lebe noch.'

Da kommt plötzlich ein völlig durchgeknallter Idiot – mein Professor aus dem ersten Semester – und haut mir mit dem Hammer auf die Finger. Ich stürze ab, lande aber auf einem Strauch und denke: ‚Das gibt es nicht – zum zweiten Mal überlebt.‘ Ich schaue nach oben und da trifft mich dieser blöde Kühlschrank.“

„Genehmigt“, sagt Petrus, „Du kannst rein.“

Es klopft zum dritten Mal an diesem Tag an der Himmelstür.

„Nur außergewöhnliche Fälle“, sagt Petrus.

„Kein Thema“, sagt der Verstorbene. „Ich war Student im 12. Semester bei Professor Müller. Ich sitze nach einer wilden Nacht mit seiner Frau nackt in einem Kühlschrank . . . „

„REIN“, brüllt Petrus.

(unbekannt)

„Bildung ist bewundernswürdig, aber man sollte sich von Zeit zu Zeit daran erinnern, dass wirklich Wissenswertes nicht gelehrt werden kann."

Oscar Wilde, 1854 - 1900,
irischer Schriftsteller

„Bildung ist das, was die meisten empfangen, viele weitergeben und wenige haben."

Karl Kraus, 1874 - 1936,
österreichischer Schriftsteller

„Bildung ist das, was übrig bleibt, wenn man alles vergessen hat, was man gelernt hat."

Marquis de Halifax, 1633 - 1695,
englischer Politiker und Schriftsteller

„Bildung ist für die Jungen Weisheit, für die Alten Ermutigung, für die Armen Reichtum und für die Reichen Schmuck.“

Diogenes von Sinope, ca. 323 - 400 v. Chr.,
griechischer Philosoph

Im Hörsaal wurde gerade eine neue Mikrofonanlage installiert. Der Professor sprach zur Probe ins Mikrofon: „Können Sie mich auch auf den hinteren Reihen hören?“ Ein Student aus der letzten Reihe blickt kurz aus einer lebhaften Unterhaltung mit seinen Nachbarn auf und rief: „Jawohl, Herr Professor, aber es stört uns nicht im Geringsten.“

Ein Professor sitzt in der Mensa und isst. Ein Student setzt sich ungefragt neben ihn. Etwas verärgert meint der Professor: „Also, seit wann essen denn Adler und Schwein an einem Tisch?“ Darauf der Student: „Ok, dann flieg ich halt weiter.“

Nur für Dozenten!
Man kann
aber auch Mäntel
daran aufhängen!

„Wer während der Arbeit einschläft, von einer Sitzgelegenheit fällt und sich dabei verletzt, hat nur dann einen Arbeitsunfall erlitten, wenn er infolge betrieblicher Überarbeitung vom Schlaf übermannt worden ist oder der Schlaf am Arbeitsplatz sich auf andere betriebliche Gründe zurückführen lässt."

Nach einem Urteil des Sozialgerichts Dortmund vom 22. 9. 1998 (Az. S 36 U 294/97) kann also das Einschlafen am Arbeitsplatz beruflich veranlasst sein. Ob „Arbeitsplatz" in diesem Sinne dabei auch ein überfüllter Hörsaal einer Universität sein kann, ist meines Wissens unverständlicherweise bislang richterlich noch nicht geklärt worden.

Ausbildung heißt, das zu lernen,
von dem du nicht einmal wusstest,
dass du es nicht wusstest.

Ralph Waldo Emerson, 1803 - 1882, amerikanischer Philosoph

War deine Studienwahl oder Berufswahl richtig?

1. Du triffst einen Deiner Professoren in der Stadt. Er hat sich offensichtlich verfahren und fragt dich nach dem Weg. Du
   - ☐ erklärst ihm den Weg (0 Punkte)
   - ☐ verwickelst ihn in eine ellenlange Diskussion über Sinn und Zweck des § 25b UStG und seinen Anwendungsbereich (1 Punkt)
   - ☐ schickst ihn in falscher Richtung durch eine stark befahrene Einbahnstraße (5 Punkte)

2. Deine Lieblingslektüre ist
   - ☐ das aktuelle Skript „Rechtskunde“ aus dem Unterricht (0 Punkte)
   - ☐ das Bundessteuerblatt (1 Punkt)
   - ☐ egal was, Hauptsache viele Bilder (5 Punkte)

3. „Rausch“ bedeutet für dich
   - ☐ 8 Stunden Unterricht im Fach Finanzgerichtsordnung (0 Punkte)
   - ☐ Kombi-Klausur in der Steuerberaterprüfung Note 2,0 (1 Punkt)
   - ☐ mindestens 2,5 Promille (5 Punkte)

4. Was nimmst du mit, wenn deine Bude brennt und du nur eine Sache vor den Flammen retten kannst?
   - ☐ das Foto von deinem Schatz (0 Punkte)
   - ☐ so viele Bände der Unterrichtsskripten, die du tragen kannst (1 Punkt)
   - ☐ deine Hausbar (5 Punkte)

5. Steuerberaterprüfung, 1. Tag, Kombi-Klausur, du hast verschlafen und bist 20 Minuten zu spät dran. Was denkst du?
   - ☐ Verdammt, das wird knapp (0 Punkte)
   - ☐ Kein Problem, gebe ich diesmal eben nur 10 Minuten früher ab (1 Punkt)
   - ☐ Kein Problem, gut dass ich mir schon vorher eine Schreibzeitverlängerung erschlichen habe (5 Punkte)

Auswertung:

0 - 4 Punkte
Gratulation, du hast deine Vorbereitungszeit auf die Prüfung ohne großen Schaden überstanden. Die Prüfungen stellen dich vor keine unlösbaren Aufgaben. Du verstehst es, die angenehmen Seiten des Lebens mit den Anforderungen an deinen Beruf zu verbinden. Dich kann man bedenkenlos ins Berufsleben entlassen.

5 - 10 Punkte
Du bist stark gefährdet. Du glaubst, „Steuerkoller" sei ein Kommentar zum Bilanzsteuerrecht. Deine gesamten Gedanken kreisen nur ums Steuerrecht, zum Einschlafen zählst du wahrscheinlich die Paragrafen der Abgabenordnung auf. Das wahre Leben läuft an dir vorbei.

11 - 25 Punkte
Entweder bist du ein Überflieger oder der klassische Kandidat, der die Prüfung nicht auf Anhieb bestehen wird. Das Steuerrecht hast du offenbar zu deinem Wissensgebiet auserkoren, da es sich in der Disco bei der Anmache besser macht als die Berufsbezeichnung „Kükensortierer".

(unbekannt)

Gegen Ende ihres ersten Studienjahres unterhalten sich einige Kommilitonen in der Mensa über die ihrer Meinung nach viel zu hohen Prüfungsanforderungen. Ein am Nebentisch sitzender Professor, der eine Weile zugehört hat, versucht ihre Befürchtungen zu zerschlagen: „Machen Sie sich doch bitte nicht zu viele Gedanken über Ihre Prüfungsnoten“, meinte er. „Wenn man glaubt, alles zu wissen, kriegt man sein Abiturzeugnis. Wenn man erkannt hat, dass man nichts weiß, bekommt man ein Diplom. Und wenn man merkt, dass alle anderen auch nichts wissen, wird einem der Doktortitel verliehen.“

(unbekannt)

Türschild bei Professor Müller:

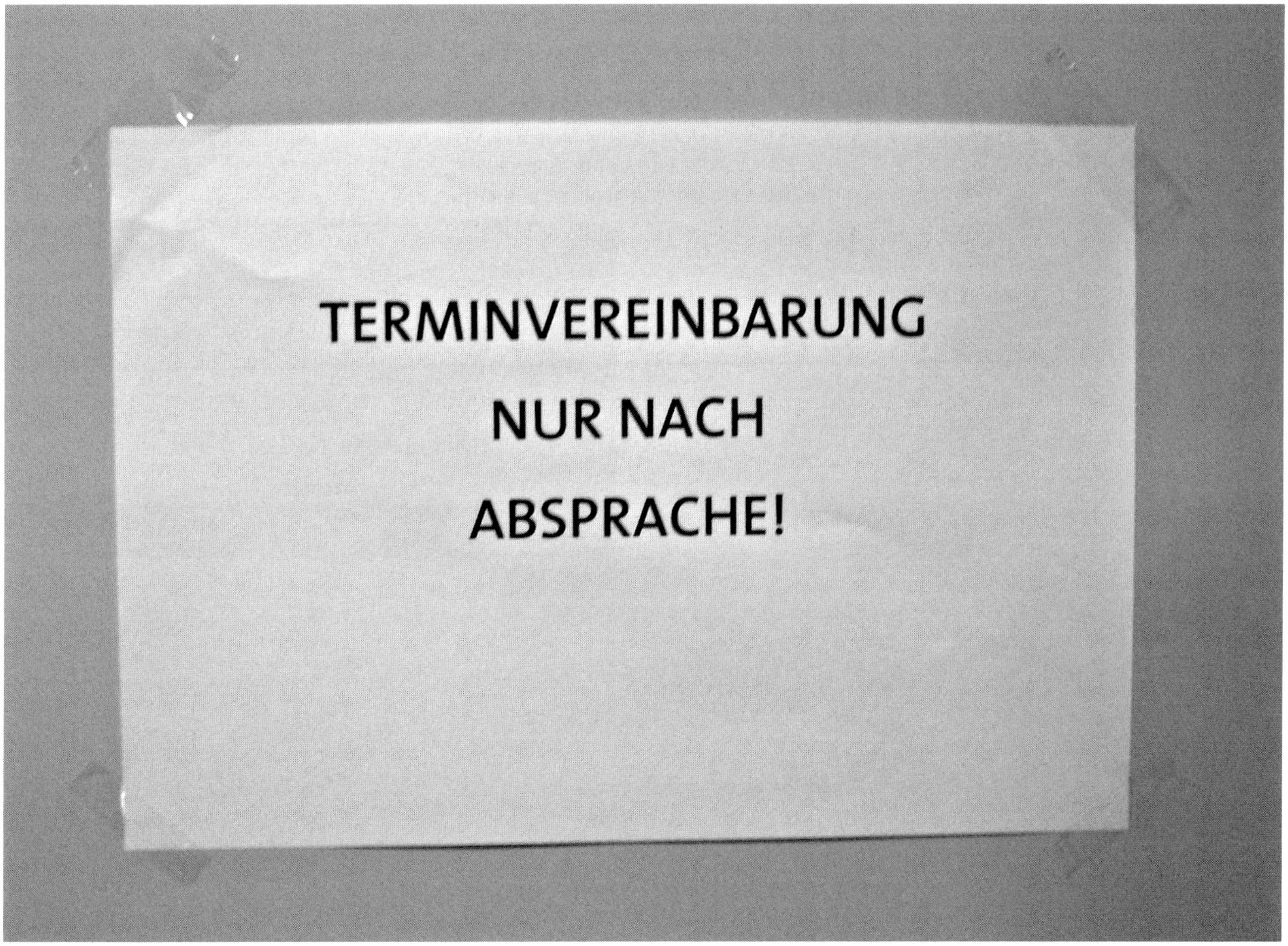

Hallo Schatz,
ich habe heute die CD mit Deiner Bachelor Arbeit gefunden, als ich Dein Zimmer aufgeräumt habe.
Ich habe sie mit einem Haftmagneten an die Kühlschranktür geheftet
Da wirst Du aber froh sein, dass nach Deinem Computer-Crash wenigstens die CD noch da ist
Mama

„Der Beklagte hat die Toilette zu Recht
als Geschäftsgrundstück bewertet.“

Das Urteil des Finanzgerichts Berlin vom 27. 10. 2004 (Az. 2 K 2228/02) überrascht den Fachmann nicht wirklich. Es ist der einzig logische Schluss bei einer solchen Einrichtung.

„Ausfuhrbestimmungen sind Erklärungen zu den Erklärungen,
mit denen man eine Erklärung erklärt.“

Aus einem Merkblatt des Wirtschaftsministeriums.
Und „Führersitz ist der einer einzigen Person Platz bietende Sitz, der für den Führer bestimmt ist, wenn dieser die Zugmaschine führt (Richtlinie 78/764/EWG des Rates vom 25.7.1978, ABl. Nr. L 255 Seite 1 - 39).

anhand einer groben Steuersatzcheckliste für den Verkauf von Weihnachtsbäumen

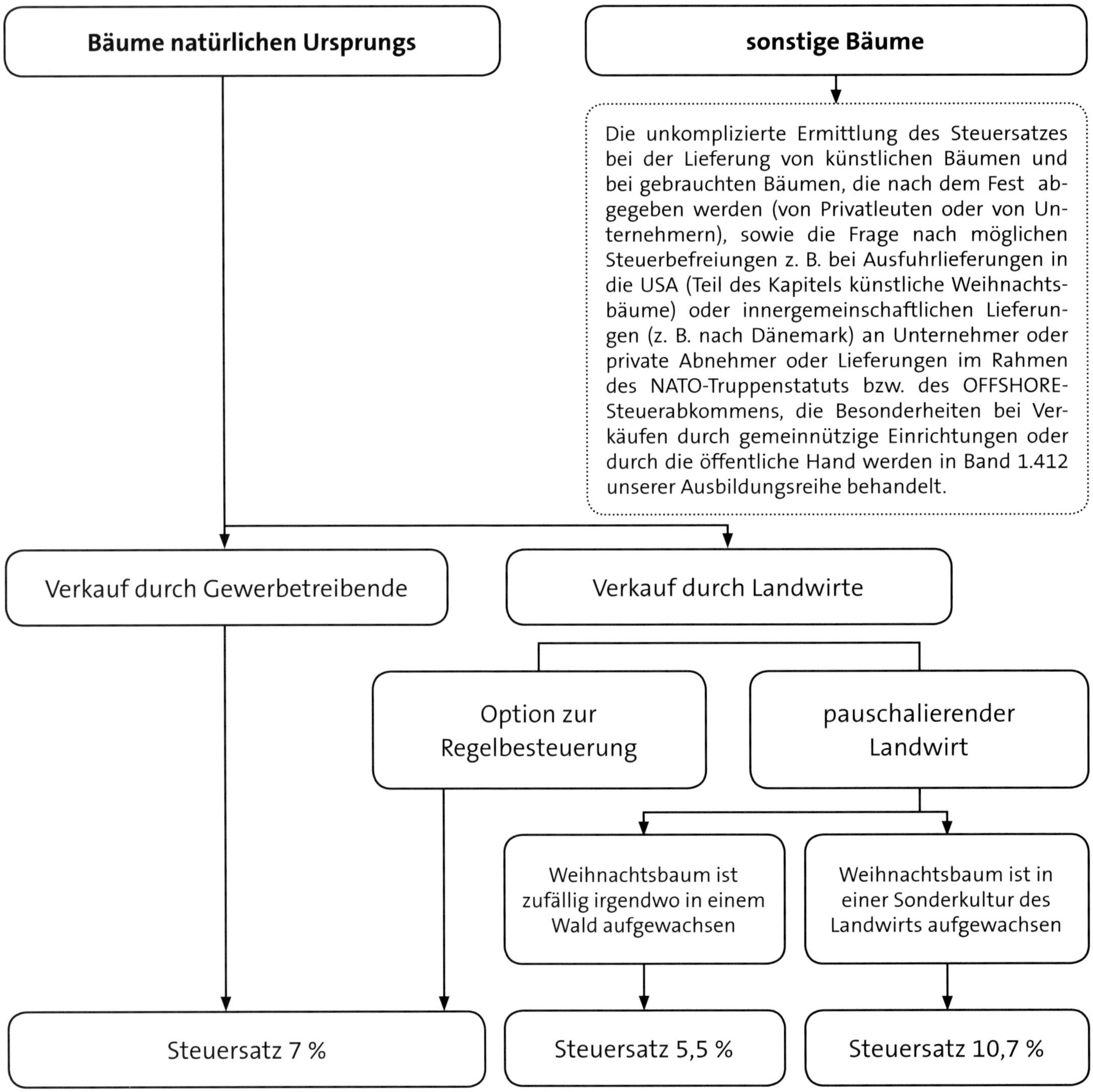

(unbekannt)

„Eine Ehefrau, deren Ehemann seit Kriegsende verschollen und der nicht für tot erklärt worden ist, kann die Zusammenveranlagung nach § 26 EStG nicht verlangen."

Urteil des Finanzgerichts Münster
vom 18. 4. 1974, EFG 1974 Seite 522

„Bei 20-jähriger Verschollenheit kann grundsätzlich nicht mehr vermutet werden, dass die Eheleute nicht dauernd getrennt leben."

Urteil des Finanzgerichts Düsseldorf
vom 1. 10. 1970, EFG 1971 Seite 133

§ 3 LFGB
Lebensmittel- und Futtermittelgesetzbuch

„Verzehren ist das Aufnehmen von Lebensmitteln durch den Menschen durch Essen, Kauen, Trinken sowie durch jede sonstige Zufuhr von Stoffen in den Magen."

Leitsätze
des Deutschen Lebensmittelhandbuchs

„Gewürzmischungen sind Mischungen, die ausschließlich aus Gewürzen bestehen."

Nach § 15 Abs. 1 LFGB (Lebensmittel- und Futtermittelgesetzbuch) ist das Deutsche Lebensmittelhandbuch eine Sammlung von Leitsätzen, in denen Herstellung, Beschaffenheit oder sonstige Merkmale von Lebensmitteln, die für die Verkehrsfähigkeit der Lebensmittel von Bedeutung sind, beschrieben werden. Nach den Leitsätzen dieses Lebensmittelhandbuchs in der Fassung vom 27. 5. 1998 (GMBl. Nr. 30 Seite 577 vom 30. 9. 1998) gilt die oben genannte Aussage zu den Gewürzmischungen. Nur gut, dass es solche erklärenden Erklärungen gibt.

Rechtskenntnis steigert den Geschmack

„Erwirbt ein Anthropologe im Laufe der Zeit mehr als 20 000 menschliche Schädel und Skelettteile, so steht dem diesbezüglichen Werbungskostenabzug § 12 Nr. 1 Satz 2 EStG entgegen. Die berufliche Veranlassung wird in diesem Fall durch eine private Sammelleidenschaft überlagert. Unabhängig hiervon kommt eine Abschreibung (AfA) für die erworbenen Schädel auch deshalb nicht in Betracht, weil eine wirtschaftliche oder technische Abnutzung nicht angenommen werden kann; die ausgegrabenen Gegenstände unterliegen keinem Wertverzehr."

Urteil des Finanzgerichts Rheinland-Pfalz vom 30. 11. 1994,
Az. 1 K 1951/93

„Unschädlich für die Tarifierung als Nachthemd ist die Möglichkeit, dass das Kleidungsstück auch zu anderen Zwecken verwendet werden kann. Allerdings muss diese Möglichkeit von untergeordneter, unwesentlicher oder nebensächlicher Bedeutung sein, denn die Möglichkeit, dass die Kleidungsstücke unterschiedslos im Bett oder an bestimmten anderen Orten getragen werden können, schließt eine Tarifierung als Nachthemd aus."

Urteil des Bundesfinanzhofs
vom 31. 3. 1998,
Az. VII R 11/95

„Der Wertsack ist ein Beutel, der aufgrund seiner besonderen Verwendung nicht Wertbeutel, sondern Wertsack genannt wird, weil sein Inhalt aus mehreren Wertbeuteln besteht, die in den Wertsack nicht verbeutelt, sondern versackt werden."

Recherchiert man im Internet, findet man fast überall den Hinweis, dass der vorliegende Text angeblich § 49 der Allgemeinen Dienstordnung der ehemaligen Bundespost entstammt. Tatsächlich handelt es sich aber um einen Scherz eines jungen Inspektors der Bundespost, der sogar zu einer mündlichen Anfrage im Deutschen Bundestag geführt hatte.

So enthält auch die schriftliche Ausgabe der Festrede von Dr. h. c. Heino Schöbel, die er anlässlich einer Absolventenfeier der Juristischen Fakultät der Friedrich-Alexander-Universität Erlangen-Nürnberg 2004 gehalten hat, in einer Fußnote einen klarstellenden Hinweis.

Erstaunlich, wie oft man im Internet gleichwohl Zitate und Hinweise findet, die von der Echtheit dieser Dienstanordnung ausgehen. Vielleicht weil wir es glauben wollen?

Unverständlicherweise ist die bilanzielle Behandlung von Ehepartner bzw. eingetragenen Lebenspartnern (nachfolgend kurz: Ehepartner) in der Literatur noch wenig behandelt, obwohl sie zu den Gegenständen des täglichen Bedarfs gehören und sehr verbreitet sind. Die vorliegende Untersuchung versucht, dem durch einige kurze Hinweise abzuhelfen.

1. Zuordnung zu den Vermögensposten

Der jeweilige Ehepartner ist als notwendiges Betriebsvermögen zu aktivieren, wenn er dem anderen Ehepartner dauernd zu dienen bestimmt ist. Die Zuordnung zum Anlage- oder Umlaufvermögen ist davon abhängig, ob es sich nach der Auffassung des Eigentümers um einen Gebrauchs- oder Verbrauchsgegenstand handelt. Eine Bilanzierung als immaterielles Wirtschaftsgut kommt nicht in Betracht, da gerade Ehefrauen als Ehepartner im Laufe der Verwendungszeit äußerst materiell sein können. Nicht geklärt ist die Frage, ob Ehepartner aufgrund der verschiedensten Nutzungszusammenhänge auch in unterschiedliche Wirtschaftsgüter (ähnlich wie bei Gebäuden) aufzuteilen sind.
R 4.2 EStR gibt dazu unverständlicherweise keine erschöpfende Auskunft.

2. Bewertung

Da Ehepartner heute nach kurzer Balzzeit überwiegend fertig angeschafft werden, kommen für die Bewertung grundsätzlich nur Anschaffungskosten in Frage. Dieser Betrag wird in aller Regel jedoch nicht in einer Summe, sondern in kleinen Teilbeträgen entrichtet. Dabei werden für Kinobesuche, Eis, Geschenke etc. mit der Zeit Summen aufgewendet, die sich klarer buchhalterischer Erfassung meist entziehen. Es empfiehlt sich eine frühe Beweisvorsorge.

Ehebilanz

Diese Ausgaben werden, obwohl sie eindeutig den Charakter von Werbungskosten haben, steuerlich nicht als sofort abzugsfähige Betriebsausgaben berücksichtigt. Eine Analogie zum in fortschrittlichen Ländern Afrikas praktizierten modernen Verfahren der Entrichtung eines Brautpreises in einer Summe an die Eltern ist unübersehbar. In unserer modernen Welt betrifft aber diese Beweissicherung der Ausgaben nicht nur Männer, sondern auch Frauen, die z. B. ihren Partner während eines Studiums durch Zuwendungen unterstützen.

3. Abschreibung

Da Ehepartner in aller Regel langfristig genutzt werden sollen (allein die Absicht ist entscheidend), ist die Frage der planmäßigen Abschreibung zu klären. Früher wurden Ehepartner stets degressiv abgeschrieben, da man davon ausging, dass sie mit zunehmender Inanspruchnahme wesentlich in der allgemeinen Wertschätzung sanken. Die degressive Abschreibung hat zudem den Vorteil, dass sich die abnehmenden Abschreibungsbeträge mit den zunehmenden Kosten für Instandhaltung und Reparatur zu einem in der Summe gleichbleibenden Aufwand zusammenfassen lassen. Die lineare – gleichmäßige – Abschreibung ist umstritten. Das Hauptproblem ist die Frage der Nutzungsdauer, amtliche AfA-Tabellen sind leider immer noch nicht erschienen. Problematisch ist die starke Differenz von Lebensdauer und betriebsgewöhnlicher (Ehe-) Nutzungsdauer.

Außerplanmäßige Abschreibungen sind zulässig. Dabei sind nicht die Wiederbeschaffungskosten anzusetzen, sondern der Einzelveräußerungspreis abzüglich der meist erheblichen Veräußerungs- oder Trennungskosten.

Bei jüngeren Frauen (oder älteren Männern) kommen auch dann keine Zuschreibungen in Frage, wenn die Ausgaben für Friseur, Kosmetik, Bekleidung, Urlaub und dergleichen den üblichen Umfang erheblich übersteigen. Insoweit liegt Erhaltungsaufwand vor, der nicht zu aktivieren ist. Nur bei größeren Generalüberholungen (z. B. kosmetische Operationen) geht man nach ständiger Rechtsprechung von nachträglichen Herstellungskosten aus und verlangt eine Zuschreibung.

4. Sonderfälle

Bei der Nutzung anderer Ehepartner ist kein Bilanzposten zu aktivieren, da diese Ehepartner dem jeweils anderen Eigentümer zuzurechnen sind und somit ein Bilanzierungsverbot besteht. Ledige Partner sind nur als gewillkürtes Betriebsvermögen zulässig, da sie meist nicht zur dauernden Nutzung bestimmt sind.

Es finden sich immer noch Bilanzen mit unzulässig aufgeblähtem Vermögen. In fast allen diesen Fällen zeigt sich bei näherer Betrachtung, dass das spezielle männliche Vermögen aktiviert wurde. Doch auch hier gilt das strenge Niederstwertprinzip.

(unbekannt)

Margarinegesetz
§ 1

„Margarine im Sinne dieses Gesetzes sind die durch Emulgieren, hauptsächlich nach dem Typ Wasser in Öl, aus genusstauglichen Fettstoffen hergestellten Zubereitungen, deren Gesamtfettgehalt mindestens 80 vom Hundert des Gewichts beträgt; der Anteil an Milchfett darf 1 vom Hundert des Gewichts nicht übersteigen."

„In Österreich findet auf die Kennzeichnung von Margarine-Schmalz das dort weiter geltende (deutsche) Margarinegesetz von 1897 Anwendung. Demnach darf Margarineschmalz – ebenso wie Margarine – nur in Würfelform in den Verkehr gebracht werden und begeht ein Hersteller, der Margarineschmalz in Quaderform vertreibt, einen Wettbewerbsverstoß."

Urteil des Obersten Gerichtshofs Wien vom 13. 9. 1988, LRE 23 Seite 215

Es ist schon erstaunlich, wie sich die Zeiten ändern.
Das Milchgesetz vom 31. 7. 1930 (RGBl 1930 I Seite 421), das Milch- und Fettgesetz vom 28. 2. 1951 (BGBl 1951 I Seite 135) sowie das Milch- und Margarinegesetz vom 25. 7. 1990 (BGBl 1990 I Seite 1471) verfolgten doch tatsächlich in erster Linie den Zweck, das Grundnahrungsmittel Milch und damit den Verbraucher vor mangelnder Hygiene zu schützen.
Vor diesem geschichtlichen Hintergrund sieht man die heute undurchsichtige Lebensmittelkennzeichnung sicherlich in einem anderen Licht.

„Eine Zusammenveranlagung mit dem im Koma lebenden Ehegatten kommt nicht in Betracht, wenn der andere Ehegatte bereits mit einem neuen Partner zusammenlebt und aus dieser Beziehung ein Kind hervorgegangen ist. Nach dem Gebot der Einehe gemäß Artikel 6 Grundgesetz können bei einer Person nicht gleichzeitig zwei Lebens- und Wirtschaftsgemeinschaften vorliegen."

Urteil des Finanzgerichts Köln
vom 16. 6. 2011
Az. 10 K 4736/07

„Es ist nicht möglich, den Tod eines Steuerpflichtigen als ‚dauernde Last'
im Sinne von § 16 EStG zu werten und demgemäß den höheren Freibetrag abzuziehen."

Urteil des Bundesfinanzhofs
vom 29. 4. 1982,
BStBl 1985 II Seite 204

„Ein Ehemann hat in der Regel seinen Wohnsitz dort,
wo sich die Familie befindet."

Urteil des Bundesfinanzhofs
vom 6. 2. 1985,
BStBl 1985 II Seite 331

Bundeszentralamt für Steuern — 21.03.2012
St II 2-S 2280-BA/12/00005

Merkblatt Kindergeld

Inhaltsverzeichnis

„Welches Kind erstes, zweites, drittes oder weiteres Kind ist, richtet sich nach der Reihenfolge der Geburten. Das älteste Kind ist stets das erste Kind.“

tatsächlich gefunden im Merkblatt „Kindergeld/Kinderzuschlag“
auf *www.arbeitsagentur.de*
– sogar mit erläuterndem Beispiel –

„Die Tarifierung eines Fahrzeugs als Muldenkipper setzt eine Muldenform der Ladefläche voraus."

Urteil des Bundesfinanzhofs
vom 21. 5. 1999, Az. VII R 33/98

„Eingeführter Frischkäse mit einem Alkoholgehalt von 1,9 bis 2,2 % reinen Alkohols je 100 g stellt ein branntweinhaltiges Erzeugnis im Sinne von § 151 Abs. 1 Satz 1 BranntwMonG dar."

Urteil des Bundesfinanzhofs
vom 29. 7. 1997, Az. VII R 97/96

„Ob das Opfer seine Schädigung im Sinne des § 2 Abs. 1 Satz 1 Alt. 1 OEG mitverursacht hat, ist vor den Voraussetzungen des Versagungsgrundes nach § 2 Abs. 1 Alt. 2 OEG zu prüfen. Zum Bereich der Mitverursachung gehören alle unmittelbaren, nach natürlicher Betrachtungsweise mit dem eigentlichen schädigenden Tatgeschehen, insbesondere auch zeitlich, eng verbundenen Umstände, während alle nicht unmittelbaren, lediglich erfolgsfördernden Umstände, d. h. typischerweise die Vorgeschichte der eigentlichen Gewalttat, im Rahmen der Unbilligkeit zu prüfen sind. Eine Mitverursachung kann nur angenommen werden, wenn das Verhalten des Opfers eine annähernd gleichwertige Bedingung neben dem Tatbeitrag des rechtswidrig handelnden Angreifers darstellt. Die Mitverursachung kann auch in einer vorsätzlichen oder grob fahrlässigen Selbstgefährdung des Opfers liegen, wenn es etwa den Täter durch ein schwerwiegendes, vorwerfbares Verhalten provoziert hat.“

Auch wenn der vorliegende Leitsatz des Urteils des Bundessozialgerichts vom 1. 9. 1999 (Az. B 9 VG 3/97 R) von einem Normalsterblichen kaum zu verstehen ist, ist der Entscheidung inhaltlich uneingeschränkt zuzustimmen.

Danach haben Ehefrauen, die ihren Ehemann erschießen, keinen Anspruch auf eine Witwenrente. Gut zu wissen, dass das Bundessozialgericht hinter uns Ehemännern steht.

Statistik gibt dem Controller das,
was die Straßenlaterne einem Betrunkenen gibt.
Sie gibt ihm Halt, aber keine Erleuchtung.

Die Herkunft dieser Controllerweisheit ist so in dieser Form unbekannt, aber letztlich nicht neu. So erklärte Hermann Josef (1901 - 1994, deutscher Bankier): „Die Statistik ist wie eine Laterne im Hafen. Sie dient dem betrunkenen Seemann mehr zum Halt als zur Erleuchtung." Oder Herbert Salcher (österreichischer Politiker, *1929): „Statistik ist für Politiker häufig das, was für Betrunkene die Laterne ist. Sie dient nicht zur Erleuchtung, aber man klammert sich daran fest."

Wenn ein Professor etwas im Fernsehen erklärt und die Leute verstehen ihn nicht, ist der Professor schuld. Wenn ein Professor etwas erklärt und die Studenten verstehen ihn nicht, sind die Studenten schuld.

Prüfungen sind deshalb so scheußlich,
weil der größte Trottel mehr fragen kann,
als der klügste Mensch
zu beantworten mag.

Charles Caleb Colton, 1780 - 1832, englischer Essayist

1. Vermeide Abkürzungen und Kurzworte etc.
2. Fremdworte sind nicht wirklich adäquat.
3. Bemerkungen in Klammern (gleich wie wichtig sie sind) sind überflüssig.
4. Fasse dich kurz. Bringe keine redundanten Informationen. Mache nicht mehr Worte als notwendig sind. Wiederholungen sind völlig überflüssig.
5. Vermeide Klischees wie die Pest. Sie sind ein alter Hut.
6. Ein-Wort-Sätze? Nie!
7. Umgangssprache ist ja wohl echt voll krass daneben.
8. Versuch, dich in manchen Situationen eventuell ein bisschen weniger unkonkret auszudrücken.
9. Paß auf, daß du dich an die neue Rechtschreibung hältst.
10. Benutze kein Komma, das nicht, nötig ist.
11. Vermeide Zitate. Wie schon Admiral Romy Schneider I. gesagt hat: „Ich hasse Zitate. Sage mir einfach, was du weißt!"
12. Nutze wegen der Lebendigkeit des Ausdrucks Verben zur Vermeidung des Hauptwörterstils.
13. Lies deinen noch mal, um sicher zu gehen, dass du keine vergessen hast.

(unbekannt)

Mit den Jahren steigern sich die Prüfungen.

Johann Wolfgang von Goethe, 1749 - 1832, deutscher Dichter

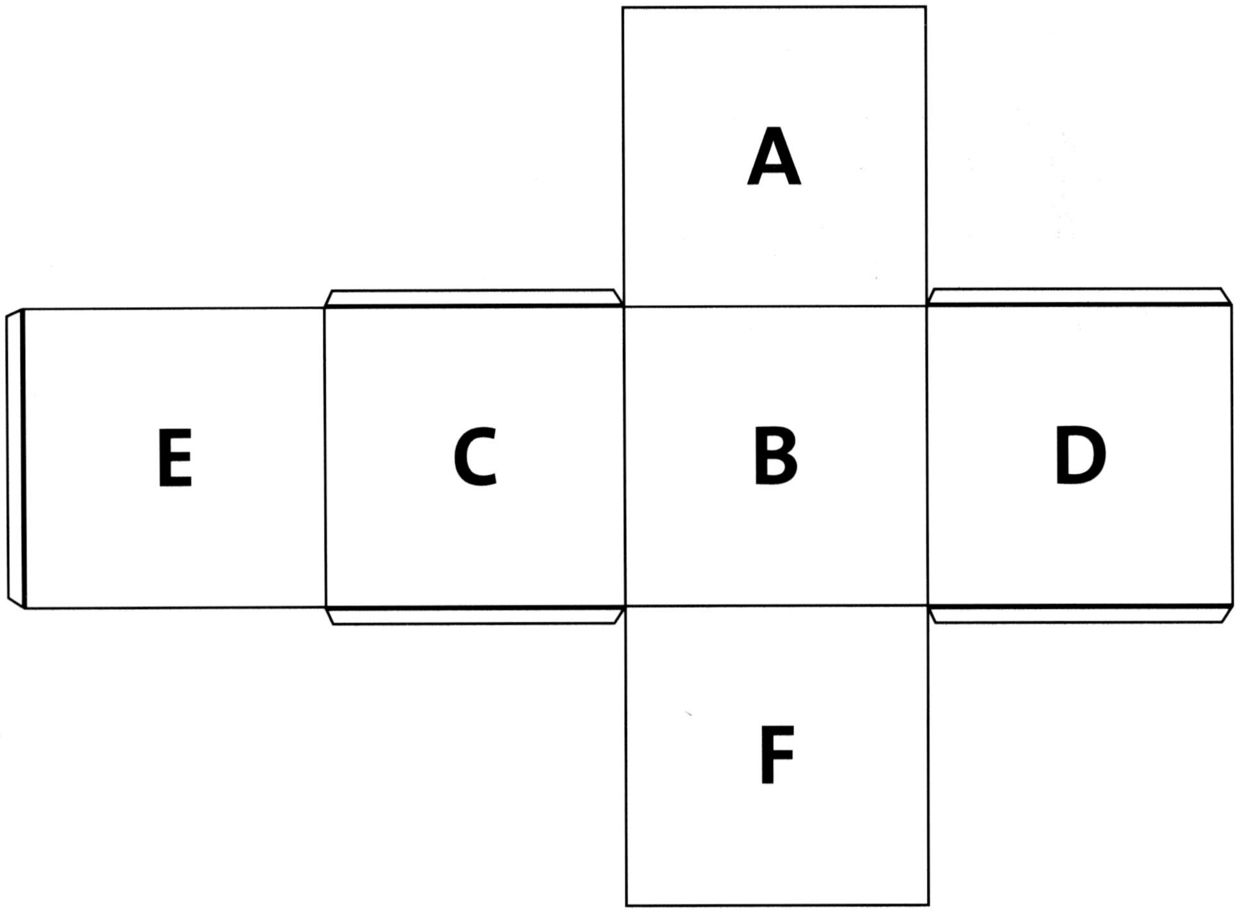

Arbeitshinweis: An den Linien ausschneiden und zusammenfalten.

Hinweis:
In manchen Klausuren werden die Antworten nicht mit den Buchstaben A - F beziffert, um unsere Lösungshilfe zu entschärfen. Aus diesem Grunde raten wir dringend dazu, vor der Klausur die unten abgedruckte Tabelle auswendig zu lernen.

Würfel	Alternative 1	Alternative 2
A	a	1
B	b	2
C	c	3
D	d	4
E	e	5
F	f	6

Aufgabe auf dem Gebiet Besonderes Steuerrecht

Sachverhalt

Die Steuerpflichtige Amelie Frohwein (AF) unterliegt der unbeschränkten Schulpflicht und wohnt in Tauber-Bischofsheim. Laut Feststellung des Betriebsprüfers hat sie zu ihrem 7. Geburtstag mehrere Streifenhörnchen geschenkt bekommen, die sich schon bald so nachhaltig am allgemeinen Verkehr beteiligten, dass erstmals im VZ 01 die Überbestände durch Verkauf abgebaut werden mussten.

Die kleine AF gilt in Familienkreisen als ziemlich selbständig. Im Innerverhältnis ist sie jedoch, wie ihre Patentante gegenüber dem Betriebsprüfer bestätigte, stark weisungsgebunden.

Die nachfolgenden Vorgänge aus dem wirtschaftlichen Leben der AF sind aus unerklärlichen Gründen noch keiner gründlichen steuerlichen Würdigung unterzogen worden.

Einzelsachverhalt 1

AF verkaufte ihrer besten Freundin Svenja 3 Streifenhörnchen. Am 2. 2. 02 beförderte sie diese mit ihrem privaten Skatebord zur Abnehmerin. Auf einen förmlichen Kaufvertrag wurde in beiderseitigem Einverständnis verzichtet, AF wies Svenja aber darauf hin, dass der Kaufvertrag nur unter der Bedingung gelten solle, dass sichergestellt sein muss, dass es ihren Lieblingen auch weiterhin gut gehe.

Einzelsachverhalt 2

Am 3. 3. 02 erwarb AF von ihrem Taschengeld eine Laufrolle (gemeiner Preis inkl. USt 11,98 €), die sie durch den Einbau in einen der Käfige einer der Zweckbestimmung entsprechenden Nutzung zuführte. Dabei wurde sie in mehrstündiger Arbeit von ihrem Vater unentgeltlich unterstützt. Um die Fallgestaltung für den Betriebsprüfer interessanter zu machen, erklärte sie sich auf Veranlassung ihrer Großmutter als Gegenleistung dazu, in den nächsten drei Wochen täglich ihr Zimmer aufzuräumen.

Einzelsachverhalt 3

Beim ortsansässigen zoologischen Fachgeschäft ist AF eine gern gesehene Kundin. Deshalb bekam sie am 7. 7. 02 vom Geschäftsinhaber zwei Bonbons (gemeiner Wert jeweils 0,10 €, Teilwert jeweils 0,05 €). Ein Bonbon verzehrte AF noch an Ort und Stelle, das andere verschenkte sie an Svenja zur Pflege ihrer soeben gewonnenen Geschäftsbeziehungen (siehe auch Einzelsachverhalt 1).

Aufgabe

1. Würdigen Sie die Einzelsachverhalte ertragsteuerlich, umsatzsteuerlich und schenkungsteuerlich.
2. Wie hat AF ihren Gewinn zu ermitteln?
3. Wie heißt die Patentante?

Bearbeitungshinweise

Alle Anträge gelten als gestellt. AF wünscht im Rahmen des Jahresabschlusses den bestmöglichen Gewinnansatz, um ihrer Freundin Svenja zu imponieren.

Die Wahl der Hilfsmittel bleibt aus pädagogischen Gründen dem persönlichen Einfallsreichtum des Prüflings überlassen. Gleiches gilt für die Bearbeitungszeit.

(unbekannt)

Frühkindliche Steuererziehung

1. Was ist eine „Lebensberechtigungsbescheinigung“?
   - ☐ Stammbuch
   - ☐ Personalausweis
   - ☐ Aufenthaltsgenehmigung

2. Was ist eine „Bestallung“?
   - ☐ Parkhaus
   - ☐ Notunterkunft
   - ☐ Vormundschaft

3. Was ist ein „deichselgeführtes Flurförderzeug“?
   - ☐ Rasenmäher
   - ☐ Traktor
   - ☐ Hubwagen

4. Was ist eine „nicht lebende Einfriedung“?
   - ☐ Krematorium
   - ☐ von der Polizei bewachte Schutzzone
   - ☐ Zaun

5. Was bedeutet „Versagung“?
   - ☐ Ablehnung
   - ☐ Abfuhr beim ersten Date
   - ☐ falsche Antwort in der mündlichen Prüfung

6. Was ist ein „Mehrstück“?
   - ☐ Protokoll
   - ☐ Gewinn
   - ☐ Kopie

7. Was ist eine „Beelterung"?
   - ☐ künstliche Befruchtung
   - ☐ Vermittlung eines Kindes in eine Pflegefamilie
   - ☐ Anerkennung einer Adoption

8. Was wird als „Betriebsmittelaufnahme" bezeichnet?
   - ☐ Tanken
   - ☐ kleiner Imbiss in der Mittagspause
   - ☐ Inventur

9. Was ist eine „rauhfutterverzehrende Großvieheinheit"?
   - ☐ Bäuerin
   - ☐ Pferd
   - ☐ Kuh

10. Was ist ein „raumübergreifendes Großgrün"?
   - ☐ Golfplatz
   - ☐ Park
   - ☐ Baum

(Die Lösung finden Sie auf Seite 133.)

(unbekannt)

Aufgabe auf dem Gebiet des Ertragsteuerrechts

Sachverhalt

Sven Sörensen ist Triangel-Solist des Jugendsinfonieorchesters in Hamburg-Fulsbüttel. Während der in seiner Partitur ausgewiesenen Pausen verkauft er Fruchtbonbons an das Publikum. Während seiner temperamentvollen Einsätze und Spielphasen verpachtet Sörensen seinen Bauchladen an den neben ihm sitzenden Pan-Flötisten Gregor Gregorewitzc, der dann seinerseits in seinen Pausen die oben genannten Artikel verkauft. Sörensen erhält neben seiner Fixmiete eine anteilige Provision. Sörensen führt für alle Aktivitäten – auch die des Gregorewitzc – eine gemeinsame Schuhkartonbuchführung in Form einer Offene-Posten-Buchhaltung.

Aufgabe

Welchen Einkunftsarten sind die Einkünfte des Sörensen zuzurechnen?

Das Einzige, was das Leben wirklich spannend macht,
ist die permanente, oft unerträgliche Ungewissheit,
was im nächsten Augenblick passiert.

(unbekannt)

Legen Sie die Lösungshilfe – die natürlich nur bei Multiple-Choice-Aufgaben funktioniert – in die Mitte des Tisches und schnippen Sie eine 5 Cent-Münze mit dem Zeigefinger vom Rand des Tisches auf die Scheibe. Die Münze bleibt erfahrungsgemäß auf der richtigen Antwort liegen – zumindest in 25 % der Fälle.

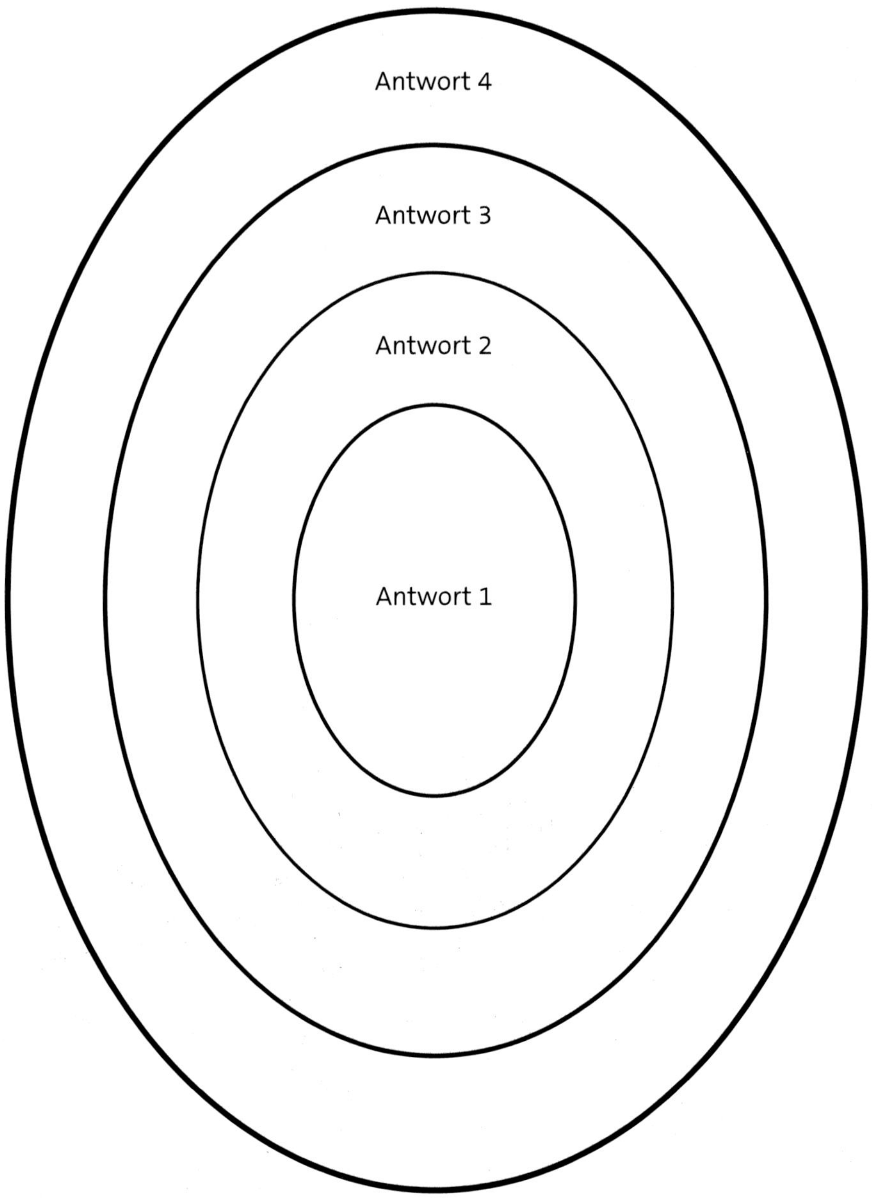

V	A	I	N	B
U	T	A	O	I
G	F	Z	N	L
E	S	L	O	A
T	N	L	P	E
G	K	O	B	T

1. Welche Steuer gibt es heute noch?
   - ☐ Dachsteuer
   - ☐ Fahrradsteuer
   - ☐ Schaumweinsteuer

2. Wofür steht die Abkürzung „FuUV“?
   - ☐ Verordnung zur Förderung der beruflichen Fortbildung und Umschulung bei ungünstiger Beschäftigungslage
   - ☐ Verein für Frauen und Umwelt
   - ☐ Verordnung zur Förderung und Unterstützung von jungen Unternehmern

3. Welche dieser Aussagen ist falsch?
   - ☐ Die Zündholzsteuer wurde in Deutschland erst 1981 abgeschafft
   - ☐ Die Zuckersteuer wurde in Deutschland erst 1993 abgeschafft
   - ☐ Die Spatzensteuer wurde im 18. Jahrhundert eingeführt zur Erhaltung der Sperlinge

4. Welche Aussage ist falsch?
   - ☐ Bei der Spielkartensteuer richtete sich die Höhe der Steuer nach der Dicke der Blätter
   - ☐ Bis zur Erfindung der Elektrizität wurde in Deutschland der Verbrauch von Kerzenwachs besteuert
   - ☐ Die Dachsteuer ist Hauptgrund für die vielen schmalen Häuser in Amsterdam

5. Wie viele Monate haben 28 Tage?
   - ☐ alle
   - ☐ der Februar
   - ☐ für die Fristberechnung haben alle Monate 30 Tage

6. Welche Steuer gibt es heute noch?
   - ☐ Salzsteuer
   - ☐ Teesteuer
   - ☐ Kaffeesteuer

7. Wie hoch sind die zu berücksichtigenden Nettoaufwendungen einer Bewirtungsrechnung über 100 € im Jahre 2011?
   - ☐ 84,03 €
   - ☐ 58,82 €
   - ☐ 70,00 €

8. Was unterliegt im Jahre 2011 nicht dem ermäßigten Steuersatz bei der Umsatzsteuer?
   - ☐ Wildpferde
   - ☐ Herzschrittmacher
   - ☐ Globen

9. Welche der folgenden Aussagen ist falsch?
   - ☐ Die Bartsteuer wurde im 17. Jahrhundert von Zar Peter I. eingeführt, um dem Land durch Abschaffung der Bärte der männlichen Bewohner einen modernen Anstrich zu geben
   - ☐ Die in verschiedenen europäischen Ländern eingeführte Fenstersteuer war u. a. ein Grund für eine Vielzahl zugemauerter Fensteröffnungen
   - ☐ Die Zuckersteuer gab es nur in Deutschland

10. Welche Aussage ist falsch?
    - ☐ Die Teesteuer wurde von den GRÜNEN als Pendant zur Kaffeesteuer konzipiert
    - ☐ Die Fahrradsteuer war in vielen europäischen Ländern Vorläufer der modernen Kraftfahrzeugsteuer
    - ☐ Unverheiratete Mädchen waren in Preußen zur Zahlung einer Jungfernsteuer verpflichtet

(Die Lösung finden Sie auf Seite 133.)

(unbekannt)

Aufgabe auf dem Gebiet Öffentliches Recht

Sachverhalt

Georg Nau (im Nachfolgenden G. Nau) ist Student und lebt in München. Er wurde als Sohn der Weltenbummler Piotr Czewabzcewiscz (Russland) und Eva Rüttli (Schweiz) in einer Rettungsinsel der deutschen Kriegsmarine innerhalb der 12-Meilen-Zone vor der damals von Deutschland besetzten Normandie geboren und durch ein Missverständnis als Sohn des Leichtmatrosen Franz van Enmast (Niederlande) beim Einwohnermeldeamt der Stadt Hamburg registriert.

Aufgabe

Bestimmen Sie die Staatsbürgerschaft von G. Nau.

Vier Studenten der Westfälischen Universität Münster waren in ihrem Fachbereich so gut, dass sie alle Klausuren, Test und Hausarbeiten bisher mit hervorragenden Noten abgeschlossen haben. Sie waren sich so sicher, auch die Abschlussprüfung zu schaffen, dass sie sich entschlossen, das Wochenende vor der Prüfung nach Hamburg zu fahren, wo einige Freunde eine Party schmissen. Sie amüsierten sich gut, so gut, dass sie es nicht mehr schafften, am Montag pünktlich zur Prüfung zu erscheinen.

Sie entschlossen sich daher, nicht zu spät zur Prüfung zu gehen, sondern erzählten dem Professor am Montag Nachmittag, dass sie in Hamburg ein wenig in den Bibliotheken geforscht und geplant hatten, früh genug zurück zu fahren. Leider hätte das Auto auf der Rückfahrt einen Platten gehabt, sie hatten keinen Wagenheber dabei und es hätte ewig gedauert, bis jemand gehalten habe, Ihnen zu helfen. Deswegen seien sie erst jetzt vor wenigen Minuten angekommen.

Der Professor erlaubte ihnen, die Prüfung am nächsten Tag nachzuholen. Die Studenten lernten fleißig die ganze Nacht und erschienen pünktlich zur Prüfung. Ihr Professor setzte jeden von ihnen in einen anderen Raum, gab ihnen die Aufgaben ließ sie anfangen. Die Aufgabe auf der ersten Seite der Klausur war einfach, jeder der vier Studenten schrieb die Lösung nur so runter.

Und dann blätterten sie die nächste Seite mit der Frage 2 auf: „Welcher Reifen war platt?“

(unbekannt)

1. Welche Rechtsform gibt es nicht?
   - ☐ SE Societas Europaea
   - ☐ EWIV Europäische Wirtschaftliche Interessenvereinigung
   - ☐ GbR mbH

2. Was ist kein steuerrechtlicher Begriff?
   - ☐ Unland
   - ☐ Liebhaberei
   - ☐ Grober Unfug

3. Was war nie eine deutsche Währung?
   - ☐ DDM
   - ☐ MDN
   - ☐ DET

4. Was wurde schon von Politikern als „Papierkorbantrag" bezeichnet?
   - ☐ Eingabe beim Petitionsausschuss
   - ☐ Dienstaufsichtsbeschwerde
   - ☐ Untätigkeitseinspruch

5. Was gibt es hiervor nicht?
   - ☐ Kirchensteuerkappungsantrag
   - ☐ Gewerbesteuerzerlegungsbescheid
   - ☐ Analphabetenbeschäftigungsfehlabgabebescheid

6. Welche Aussage ist falsch?
   - ☐ Antike Olympiasieger genossen Steuerfreiheit bis zu den nächsten Spielen
   - ☐ Leasingsonderzahlungen stellen regelmäßig antizipative Abgrenzungen dar
   - ☐ Pontius Pilatus musste sich vor dem römischen Senat verantworten, weil er Tempelsteuer von Juden erhoben hat

7. Wie viele Vieheinheiten sind eine Kuh?
   - ☐ 0,7
   - ☐ 1,0
   - ☐ 1,2

8. Was ist kein Verwaltungsakt?
   - ☐ Gewerbesteuerbescheid
   - ☐ Verbindliche Zusage
   - ☐ Mahnung der Finanzkasse

9. Welche Steuern gibt es noch?
   - ☐ Branntweinsteuer
   - ☐ Perückensteuer
   - ☐ Jungfernsteuer

10. Welche der folgenden Aussagen ist falsch?
    - ☐ In Preußen wurden sog. „Kaffeeriecher" als Steuerprüfer eingesetzt
    - ☐ Um steuerliche gewerbliche Einkünfte zu erzielen ist keine Gewinnerzielungsabsicht erforderlich
    - ☐ Das Sozialrecht ist nicht an steuerrechtliche Vorgaben gebunden

(Die Lösung finden Sie auf Seite 133.)

(unbekannt)

Abgabenordnung
§ 370

(1) Mit Freiheitsstrafe bis zu 5 Jahren oder mit Geldstrafe wird bestraft, wer
 1. den Finanzbehörden oder anderen Behörden über steuerliche erhebliche Tatsachen unrichtige oder unvollständige Angaben macht,
 2. die Finanzbehörden pflichtwidrig über steuerlich erhebliche Tatsachen in Unkenntnis lässt,
 3. ...

(3) In besonders ***schweren Fällen*** ist die Strafe Freiheitsstrafe von sechs Monaten bis zu zehn Jahren.

Verfassung des Landes Hessen
Art. 21

(1) Ist jemand einer strafbaren Handlung für schuldig befunden worden, so können ihm auf Grund der Strafgesetze durch richterliches Urteil die Freiheit und die bürgerlichen Ehrenrechte entzogen oder beschränkt werden. ***Bei besonders schweren Verbrechen kann er zum Tode verurteilt werden.***

(2) Die Strafe richtet sich nach der **Schwere der Tat**.

(3) Alle Gefangenen sind menschlich zu behandeln.

Grundgesetz für die Bundesrepublik Deutschland

Art 102
Die Todesstrafe ist abgeschafft.

Art 31
Bundesrecht bricht Landesrecht.

Die Verfassung des Landes Hessen aus dem Jahre 1946 ist bis heute noch gültig (recherchiert in JURIS).

Glücklicherweise gilt jedoch vorrangig unser Grundgesetz.

Auch wenn juristisch gesehen keine Bedenken gegen Artikel 21 der Landesverfassung bestehen, da sie de facto durch das Grundgesetz ungültig ist, läuft dem Leser doch vielleicht ein kleiner Schauer über den Rücken. Zumindest wertet diese Tatsache unseren Berufsstand deutlich auf.

1. Welche segensreiche Gesetzesänderung ist auf Oskar Lafontaine zurückzuführen?
   - ☐ Halber Vorsteuerabzug für Fahrzeuge
   - ☐ Mindesthebesatz bei der Gewerbesteuer
   - ☐ Fünftel-Regelung bei Abfindungen

2. Wie nennt man eine Klage der Minderheit der Gesellschafter zum Wohle der Gesellschaft?
   - ☐ Denunzierung
   - ☐ Reduzierung
   - ☐ Kaduzierung

3. Was ist eine „Generalumkehr"?
   - ☐ Eintritt in die Gewinnzone nach Anlaufverlusten
   - ☐ Durchblättern von Belegordnern in die andere Richtung
   - ☐ Stornobuchung unter Korrektur der Jahresverkehrszahlen

4. In welchem Land ist im Jahre 2012 der EURO nicht offizielles Zahlungsmittel?
   - ☐ Vatikanstaat
   - ☐ England
   - ☐ Französisch-Guyana

5. Was ist der EBIT?
   - ☐ Betriebsergebnis vor Zinsen und Steuern
   - ☐ Cashflow ohne Dauerschuldzinsen
   - ☐ Gewinn nach Steuern

6. Welcher Künstler hat ein Lied über Steuern geschrieben?
   - ☐ George Harrison: Taxman
   - ☐ Eminem: 50 Cent
   - ☐ ABBA: Money, Money, Money

7. Was entgegnete Jesus den Pharisäern auf die Fangfrage über die Zahlung römischer Steuern?
   - ☐ Cogito ergo sum
   - ☐ Gebt dem Kaiser, was des Kaisers ist
   - ☐ Die römische Steuer ist bei der Veranlagung anrechenbar

8. Was ist kein Buchführungsstandard?
   - ☐ IAS
   - ☐ US-GAAP
   - ☐ TKKG

9. Welche der folgenden Aussagen ist zutreffend?
   - ☐ Wohnungsmietern darf Umsatzsteuer in Rechnung gestellt werden
   - ☐ für geringwertige Wirtschaftsgüter darf eine Ansparrücklage gebildet werden
   - ☐ Zinsen für Steuernachzahlungen sind bei der Ermittlung der Einkünfte aus Kapitalvermögen mit Zinsen für Steuererstattungen zu verrechnen

10. Welche Gestaltung soll durch § 4 Abs. 4a EStG entgegen getreten werden?
    - ☐ dem Mehrkontenmodell
    - ☐ dem T-Kontenmodell
    - ☐ dem Unterkontenmodell

(Die Lösung finden Sie auf Seite 133.)

(unbekannt)

Aufgabe auf dem Gebiet Verfahrensrecht

Sachverhalt

In einer traumhaften Sommernacht im Jahr 01 beschlossen A und B, den Bund der Ehe einzugehen. Da A sich jedoch aus moralischen Gründen nicht entschließen konnte, die am nächsten Morgen angesetzte standesamtliche Hochzeit mit D abzusagen, der er auch schon die Ehe versprochen hatte, gab er an diesem Tag D sein Ja-Wort. Nachdem A an der Hochzeitstafel der D dieser sein Versprechen der vorangegangenen Nacht, welches er gegenüber B gab, erläuterte, starb D trotz Wiederbelebungsversuche durch C und E (Eltern der D) an gebrochenem Herzen. Die ebenfalls zur Hilfe geeilte F, tröstete A in derart beeindruckender Weise über den Verlust hinweg, dass beide schon zwei Wochen später im selben Standesamt heirateten. Dieser Umstand machte B (siehe oben), die Schwester des Vaters der F (G) stutzig, so dass diese den A auf offener Straße zur Rede stellte und an sein Versprechen (s. o.) erinnerte. H, Ehefrau des G (Vater der F und Bruder der B) wurde Zeugin dieses Gesprächs und war von der Redegewandtheit und Überzeugungskraft des A so erbaut, dass sie ihn als Geschäftsführer ihres Unternehmens engagierte und ihn schon am nächsten Tag nach Damaskus schickte, um dort geschäftliche Verhandlungen mit I zu führen.

I (Ehemann der Tochter J des Bruders K der E) vertraute A am selben Abend seine hübscheste Tochter L für einen kurzen Abendspaziergang an. A war so von ihr betört, dass er sie am folgenden Tag (nach arabischem Recht zulässigerweise) zu seiner zweiten Ehefrau nahm. A wurde 9 Monate später der Vater der Zwillinge M und N, die ihrerseits Enkel der Eltern des G sind.

Abschließend ist anzumerken, dass F nicht die Tochter der H, sondern der E ist, dass der Vater des C ein Sohn des Bruders des Vaters der B ist, und dass J nach ihrer Scheidung von I Ehefrau des Vaters des G (O) wurde, der wiederum kurz vor der Hochzeit mit J seine Ehefrau P (Mutter von G und B) erdrosselte.

Aufgabe

Bestimmen Sie alle sich aus dem Sachverhalt ergebenden Angehörigenverhältnisse i. S. d. § 15 AO.

1. Welche dieser Steuern ist eine Landessteuer?
   - ☐ Biersteuer
   - ☐ Kaffeesteuer
   - ☐ Schaumweinsteuer

2. Welche Steuer gab es nie?
   - ☐ Niederländische Gardinensteuer
   - ☐ Französische Fenstersteuer
   - ☐ Russische Bartsteuer

3. Welche Abschreibungsart ist mathematischer Unfug?
   - ☐ degressive AfA
   - ☐ digitale AfA
   - ☐ exponentielle AfA

4. Worauf beruht der sog. Benford-Test, der Zahlenmanipulationen aufdecken kann?
   - ☐ Richtsatzsammlung
   - ☐ Zahlenmaterial, das natürlichen Wachstumsprognosen unterliegt
   - ☐ Satz des Pythagoras

5. Was ist keine verdeckte Gewinnausschüttung?
   - ☐ Darlehen an Gesellschafter gegen zu niedrige Zinsen
   - ☐ Verkauf von zu teuren Waren an Gesellschafter
   - ☐ zu hohes Geschäftsführergehalt an den Gesellschafter-Geschäftsführer

6. Was waren die wichtigsten Steuern der Antike und des Mittelalters?
   - ☐ Umsatzsteuer und Einkommensteuer
   - ☐ Grundsteuer und Kopfsteuer
   - ☐ der Zehnt und das Elftel

7. Welche Steuer hat die Stadt Emmerzhausen eingeführt?
   - ☐ Katzensteuer
   - ☐ Lärmsteuer
   - ☐ Handysteuer

8. Was ist der „Lohmannn-Ruchti-Effekt“?
   - ☐ Fusionsmehrwert
   - ☐ Finanzierung durch Abschreibung
   - ☐ Saldo aus downstream und upstream

9. Wann liegt der Ort der sonstigen Leistung im VZ 2011 nicht in Deutschland?
   - ☐ Steuerberater erteilt Rechnung für Beratung in Idar-Oberstein gegenüber einem Unternehmer aus Annaberg an dessen Briefkastenfirma auf der Isle of Man
   - ☐ ein Büsinger geht zu einem Zahnarzt in Schaffhausen
   - ☐ ein Zypriot (aus dem griechischen Teil der Insel) repariert Schuhe in Crottendorf für eine Privatperson aus der Tschechischen Republik

10. Welche Aussage für den Veranlagungszeitraum 2011 ist falsch?
    - ☐ die Grunderwerbsteuer beträgt 3,5 %
    - ☐ die Feuerschutzsteuer beträgt 19 %
    - ☐ die Kirchensteuer beträgt 7 %

(Die Lösung finden Sie auf Seite 133.)

(unbekannt)

1. Von wann bis wann dauerte das „Heilige Römische Reich deutscher Nation“?
   - ☐ 11. 11. 1111 - 18. 8. 1818
   - ☐ von Anfang bis Ende
   - ☐ das gab es gar nicht

2. Was war der „Vormärz“?
   - ☐ revolutionäre Bewegung des Bürgertums ca. 1815 - 1848
   - ☐ frühere Bezeichnung für den Februar
   - ☐ falsche Schreibweise für „Vorwärts“

3. Wer war Kaiser in der Regierungszeit Friedrich Wilhelm IV?
   - ☐ Friedrich Wilhelm IV
   - ☐ Napoleon
   - ☐ Caesar

4. Was war die „Einheitsbewegung“?
   - ☐ Wunsch nach Einheit des Reiches
   - ☐ Volksjogging
   - ☐ Eröffnungsvariante beim Schach

5. Nenne die historischen Kammern eines Zwei-Kammer-Systems?
   - ☐ Volks- und Adelskammer
   - ☐ Besen- und Abstellkammer
   - ☐ Industrie- und Handelskammer

6. Was war das „Reichsgericht“?
   - ☐ oberstes Straf- und Zivilgericht im Deutschen Reich
   - ☐ Erbsensuppe
   - ☐ Königsberger Klopse

7. Welche Mächte standen sich im Preußisch-Österreichischen Krieg gegenüber?
   - ☐ Preußen und Österreich
   - ☐ USA und UdSSR
   - ☐ Alien vs. Predator

8. Wie endete der unter 7. genannte Krieg?
   - ☐ Sieg für Preußen
   - ☐ Sieg für England
   - ☐ 2:0 nach Elfmeterschießen

9. Was ist „Blut und Eisen“?
   - ☐ Rede von Bismarck
   - ☐ Werbung für Doppelherz
   - ☐ Arbeitsslogan von ThyssenKrupp Steel Europe AG

10. Was war am 1. 7. 1867?
    - ☐ Inkrafttreten der Verfassung des Norddeutschen Bundes
    - ☐ Beginn der 2. Jahreshälfte 1867
    - ☐ absolut nichts

(Die Lösung finden Sie auf Seite 133.)

(unbekannt)

Aufgabe auf dem Gebiet Buchführung und Bilanzwesen

Sachverhalt
Der Mathematik-Student M verkauft seinem Freund F einen 15 Jahre alten Opel-Corsa, den dieser als Betriebsvermögen seines florierenden Tätowier-Ladens aktiviert. Der Kaufpreis wird in Form eines zinslosen Darlehens gezahlt, das mit Ablauf des 17. 8. 01 zu laufen beginnt. Das Darlehen ist an jedem Tag der Laufzeit, dessen Abstand in Tagen zum 1. Tag der Laufzeit einer Primzahl entspricht, mit einer Rate zu tilgen. Die 1. Rate beträgt 200 €, alle anderen Raten jeweils 2 € weniger.

Aufgabe
Berechnen Sie den zu passivierenden Wert der Verbindlichkeit zum 31. 12. 01 und 31. 12. 03

Bearbeitungshinweis
Das Jahr 02 ist ein Schaltjahr.
Alle Beteiligten wünschen den höchstmöglichen Verlust, weil sie keine Steuern zahlen wollen.

(unbekannt)

Zu Beginn der Prüfung sagt der Professor: „Sie haben genau zwei Stunden Zeit. Danach werde ich keine Arbeiten mehr annehmen." Nach Ablauf der zwei Stunden ruft der Professor: „Schluss, meine Damen und Herren, Abgabe!" Trotzdem schreibt ein Student wie wild weiter und kommt eine halbe Stunde später nach vorn, wo der Professor gerade den Stapel der abgegebenen Klausuren vor sich liegen hat. Der Professor lehnt die Annahme der Klausur ab, woraufhin sich der Student aufbläst: „Herr Professor, wissen Sie eigentlich, wen Sie vor sich haben?" Als der Professor verneint, sagt der Student: „Großartig" und schiebt die Klausur mitten in den Stapel.

(unbekannt)

„Hinter dem Sarg ging der Neffe des Verstorbenen als einziger Erbe. Dann folgten die Leidtragenden.“

„Sofort nach dem Tode ihres Mannes wurde Frau Seifert Witwe.“

„Bearbeitungshinweis:
Gehen Sie davon aus, dass der Verstorbene keine Lebensversicherung abeschlossen hatte, da er wollte, dass bei seinem Ableben alle richtig traurig sind.“

Ein Student, der im Examen durchgefallen war,
schickte eine SMS an seinen Bruder:
„Examen nicht bestanden, bereite Vater vor."
Kurz darauf ging die Antwort des Bruders ein:
„Vater vorbereitet. Bereite dich vor."

Ein Prüfling ist gerade durchgefallen und verlässt enttäuscht
das Gebäude, als von oben sein Prüfer ruft:
„Sie haben doch bestanden,
der Kandidat hier oben ist ja
noch viel schlechter..."

„Danke, das war's. Der nächste Kandidat bitte. Können Sie bitte einmal bis 10 zählen?"

„Aber natürlich - 1, 2, 3, 4, 5, 6, 7, 8, 9, 10."

„Ganz ausgezeichnet. Haben Sie denn auch einen Nebenjob?"

„Aber sicher, dort habe ich das schnelle Zählen ja gelernt. Ich arbeite bei einer Behörde."

„Das ist ja sehr erfreulich. Können Sie denn noch weiter zählen als bis 10?"

„Aber klar doch – Bube, Dame, König."

(unbekannt)

In Prüfungen stellen Narren Fragen,
die der Weise nicht beantworten kann.

Oscar Wilde, 1854 - 1900, irischer Schriftsteller

Mündliche Prüfungen beginnen oftmals mit einem einfachen, mehr oder weniger privaten Gespräch, um den Prüflingen die Angst zu nehmen. Das könnte dann so aussehen:

Vorsitzender:	Was sind denn so Ihre Hobbys?
Prüfling:	Lesen, Musikhören, Fernsehen und Rumhängen.
Vorsitzender:	Was lesen Sie denn so?
Prüfling:	Programmzeitschriften

Prüfungen sind von A bis Z Humbug.
Entweder ist man ein Gentleman,
dann weiß man alles, was man braucht,
oder man ist kein Gentleman,
dann schadet einem alles, was man weiß.

Oscar Wilde, 1854-1900, irischer Schriftsteller

Vorsitzender:	„Was ist die lineare AfA?"
Prüfling:	„Weiß ich nicht."
Vorsitzender:	„Durchgefallen!"
Prüfling:	„Aber Herr Vorsitzender, ich habe doch wohl Anspruch auf mehrere Fragen in der mündlichen Prüfung."
Vorsitzender:	„Ok, was ist die degressive AfA?"
Prüfling:	„Weiß ich nicht."
Vorsitzender:	„... und was ist der Unterschied zwischen der linearen und der degressiven AfA?"
Prüfling:	„Weiß ich nicht."
Vorsitzender:	„Durchgefallen!"

Die meisten Studenten lernen nicht,
um Einsicht zu Erlangen,
sondern um Schwätzen zu können.

Arthur Schopenhauer, 1788 - 1860, deutscher Philosoph

„Das Schließen der Augen über weite Strecken der mündlichen Prüfung und mit einer in sich zusammengesunkenen Haltung beweist allein nicht, dass der Prüfer schläft. Denn diese Haltung kann auch zur geistigen Entspannung oder zwecks besonderer Konzentration eingenommen werden. Es kann erst dann davon ausgegangen werden, dass ein Prüfer schläft oder in anderer Weise geistig abwesend ist, wenn andere sichtbare Anzeichen hinzukommen, wie beispielsweise tiefes, hörbares und gleichmäßiges Atmen oder gar Schnarchen, oder ruckartiges Aufrichten mit Anzeichen von fehlender Orientierung."

Völlig undenkbar, dass ein Prüfer während der Fragerunde eines Kollegen im Besein eben dieser anderen Kollegen, aber auch der gestressten Prüfungskandidaten, einschläft. Folgerichtig gibt es wohl auch keine veröffentlichte Rechtsprechung zu diesem Thema. Ebenso undenkbar ist es, dass ein Richter während der mündlichen Verhandlung im Beisein der Kollegen und der streitenden Parteien einschläft. Erstaunlicherweise gibt es aber zu diesem Thema unzähliche Urteile, die diese Selbstverständlichkeit immer wieder bestätigen (müssen).

Statt vieler einzelner, die hier den Rahmen sprengen würden, siehe das Urteil des Bundesfinanzhofs vom 17. 5. 1999 (Az. VIII R 17/99) und das Urteil des Bundesverwaltungsgerichts vom 15. 11. 2004 (Az. 7 B 56/04). Allein die Juris-Datenbank lieferte bei der Stichworteingabe „Schlafender Richter" 42 Treffer. Warum können sich Kläger nicht auf das Wesentliche konzentrieren, statt solche verfahrensrechtlichen Nebensächlichkeiten an den Pranger zu stellen? ;-)

Geschafft!

Vorbereitung

1. 1 000 leere Ordner in einen leeren Raum bringen.
2. Alle Bewerber in diesen Raum führen.
3. Bewerber in diesem Raum allein lassen und nach ca. 4 Stunden wiederkommen.

Auswertung des Tests

Bewerber haben die Ordner gezählt	→ Einstellung als Bilanzbuchhalter
Bewerber haben die Ordner mehrfach gezählt	→ Einstellung als Controller
Bewerber haben die Ordner in ihre Einzelteile zerlegt und diese analysiert	→ Einstellung für Steuerabteilung
Wenn die Bewerber alle aufgeregt miteinander reden	→ Einstellung für das Topmanagement

Amelie Frohwein (siehe Übungsaufgabe Seite 72) ist erwachsen geworden. Sie hat Betriebswirtschaftslehre studiert und bereitet sich auf die Steuerberaterprüfung vor. Ihre Liebe zu Streifenhörnchen ist ungebrochen. Eines Morgens findet sie ein totes Streifenhörnchen im Käfig, es ist wohl qualvoll eingegangen, als Amelie laut ihren Vortrag für die mündliche Prüfung im Steuerrecht geübt hat. Spontan hat sie eine Idee, die nur aus der Seminarreihe „Das weltweite Finanzsystem" entsprungen sein kann.

Amelie setzt eine Verlosung im Internet an.
Einige Monate später trifft sie einen ehemaligen Professor wieder. Sie im schicken Kostüm und Schuhen von Gucci, er voller Bewunderung. „Na, Sie scheinen ja als Steuerberaterin bestens zu verdienen."
„Nein, nein, viel einträglicher ist mein Nebenjob. Ich verlose nebenbei tote Streifenhörnchen. Ich habe zu Beginn 1 000 Lose zu je einem Euro verkauft und so meinen ersten richtig guten Profit gemacht."

„Aber man kann doch keine toten Tiere verlosen. Gab es denn keine Reklamationen?"
„Doch,vom Gewinner, da ich natürlich den Zustand des Tieres nicht angegeben hatte. Na ja, dem habe ich halt seinen Euro zurückerstattet."

Angesehene Banken sollen sich heute um Amelie Frohwein als Anlagenberaterin reißen.

Für das Können gibt es nur einen Beweis:
Das Tun

Freifrau Marie Ebner von Eschenbach, 1830 - 1916, österreichische Schriftstellerin

Marie macht sich an die Arbeit

Regelmäßig treffen sich ein paar alte Kommilitonen, um sich einen netten Abend zu erlauben und Erinnerungen an ihr Studium auszutauschen und aufzufrischen.

Als sie 40 wurden, trafen sie sich und überlegten, was sie an diesem Abend unternehmen sollten. Einer schlug vor: „Lasst uns in das Lokal ‚Zum bekehrten Zöllner' gehen. Das Bier ist lecker und die Bedienungen sind jung und hübsch."

Gesagt, getan.

Zehn Jahre später, als sie 50 wurden, trafen sie sich wieder und beschlossen, in den „Bekehrten Zöllner" zu gehen: „Dort isst man sehr gut und die Weinkarte hat ein paar edle Tropfen zu bieten."

Gesagt, getan.

Zehn Jahre später, als sie 60 wurden, trafen sie sich wieder und beschlossen traditionell, beim „Bekehrten Zöllner" einzukehren: „Dort ist es sehr ruhig und es darf nicht geraucht werden".

Gesagt, getan.

Zehn Jahre später, als sie 70 wurden, beschlossen sie, diese Tradition fortzusetzen: „Lasst uns in den ‚Bekehrten Zöllner' gehen, dort ist alles altersgerecht gebaut und es gibt einen Lift."

Gesagt, getan.

Kürzlich sind sie 80 geworden, trafen sich erneut und überlegten gemeinsam, was sie an diesem Abend unternehmen sollten. Da sagte einer:
„Lasst uns in den ‚Bekehrten Zöllner' gehen."

„Gute Idee, da waren wir noch nie."

(unbekannt)

Das Geschäft des Regierens und Gesetzgebens,
das teils von Mitgliedern der Parlamente,
teils von politischen Schriftstellern ausgeübt wird,
ist von so großer Schwierigkeit und Verantwortung,
dass jedem ein recht großes Misstrauen
in die eigenen Kräfte,
gleichsam als erste Bedingung der Tüchtigkeit,
zu wünschen ist,
damit er nicht ohne die strengste Prüfung
seinen Entschluss fasse.

Friedrich Carl von Savigny, 1779 - 1861, preußischer Staatsminister

Die Unkenntnis der Steuergesetze
befreit nicht von der Pflicht zur Zahlung.

Die Kenntnis aber häufig schon.

Amschel Mayer Freiherr von Rothschild, 1773 - 1855, deutscher Bankier

Endlich, – die Lösungen ...

Uni-Eignungstest	C = 7. Zeile, 6 = 5. Zeile, N = 14. Zeile
Wissenstest Behördendeutsch	1b, 2c, 3c, 4c, 5a, 6c, 7c, 8a, 9c, 10c
Wissenstest Steuerrecht (1)	1c, 2a, 3c, 4c, 5a, 6c, 7b, 8a, 9c, 10a
Wissenstest Steuerrecht (2)	1c, 2c, 3c, 4a, 5c, 6b, 7b, 8c, 9a, 10b
Wissenstest Steuerrecht (3)	1a, 2c, 3c, 4b, 5a, 6a, 7b, 8c, 9b, 10a
Wissenstest Steuerrecht (4)	1a, 2a, 3c, 4b, 5b, 6b, 7a, 8b, 9b, 10c
Wissensrecht Staatskunde	jeweils a

Finde steuerliche Begriffe (von Seite 79)

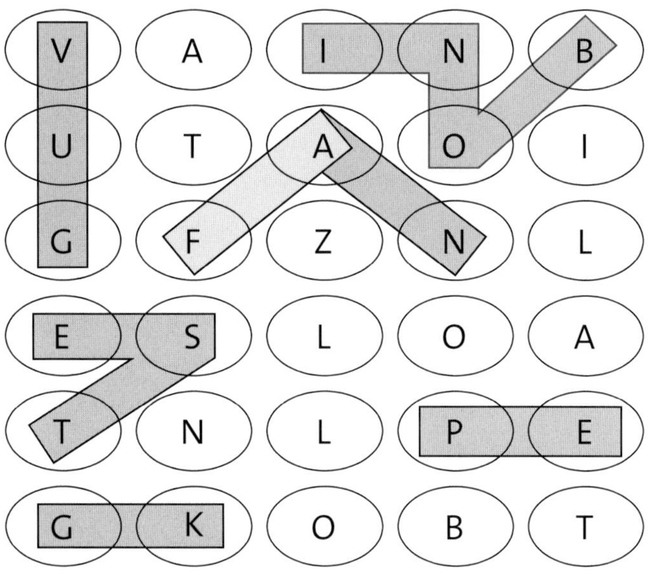

AfA, an, KG, Boni, ESt, FA, GuV, PE

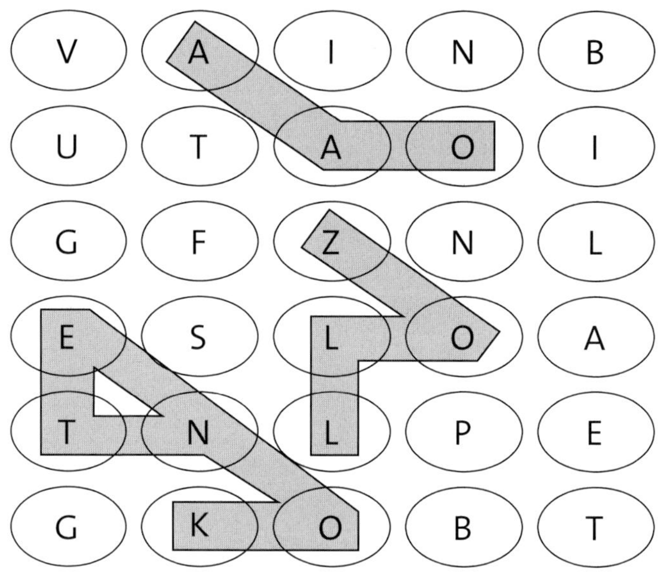

Konten, aaO, Zoll

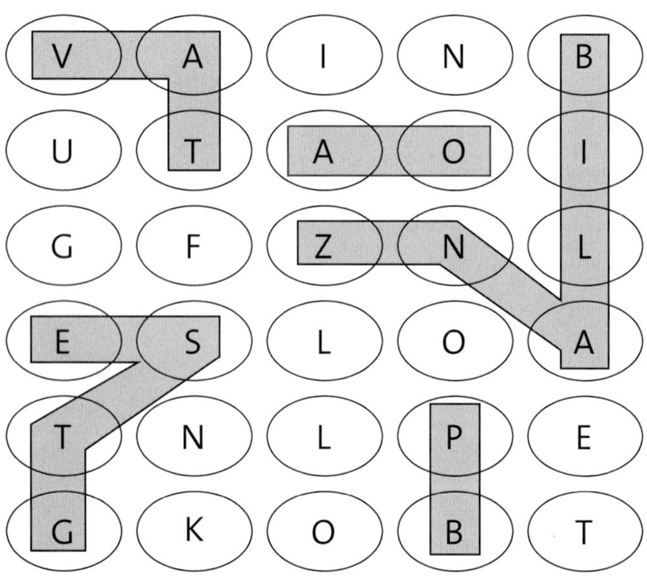

AO, Bilanz, BP, EStG, VAT